Klopstocks Werke: Der Tod Adams, Hermanns Schlacht...

Friedrich Gottlieb Klopstock

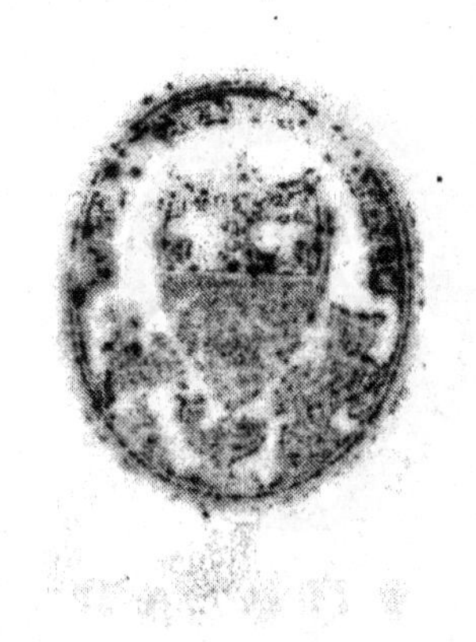

KLOPSTOCKS

WERKE

ACHTER BAND.

DER TOD ADAMS.
HERMANNS SCHLACHT.

LEIPZIG

BEY GEORG JOACHIM GÖSCHEN. 1804.

DER TOD ADAMS.

EIN TRAUERSPIEL.

LEIPZIG

BEY GEORG JOACHIM GÖSCHEN. 1804.

VORREDE.

Ich glaube, daſs ich würdige Gegenstände zu meinen Schauspielen gewählt, und jene als Dichter so gebildet habe, daſs ihre Beschaffenheit nicht verschleyert ist. Denn ich wollte, daſs diese mitherrschte. Wer auch sie erfindet, verfährt nach andern Grundsätzen. Die wirkliche Beschaffenheit und die Dichtkunst, welche diesen Namen verdient, sind ernste Gesetzgeberinnen. Aber wie streng sie auch immer seyn mögen, man gehorcht gleichwohl sogar ihren Winken, wenn man die Wirkungen kennt, welche sie, vereint, hervorbringen.

Nur dieſs darf ich von den Schauspielen sagen. Alles andre, besonders das, was ihre dichterische Bildung betrift, muſs ich, wie ich in Ansehung meiner Schriften schon seit einem halben Jahrhunderte gethan habe, dem Ausspruche der Welt überlassen.

Eine Bemerkung über die dichterische Bildung überhaupt will ich indeſs doch wiederholen. Sie ist: Einige haben ihre Begriffe von der Dichtkunst dadurch eingeschränkt, daſs sie nichts als Gesetz der Schönheit zugestehn, was sie nicht in Beyspielen der griechischen oder römischen Dichter finden. Aber sie könnten doch wohl nichts von Bedeutung einwerfen, wenn man sich etwa so gegen sie erklärte: *Amicus Homerus, Amicus Maro, magis amica carminis veritas.* [illegible]

Wer die geoffenbarte Religion eben so wenig glaubt, als die Vielgötterey unsrer Vorfahren, der hat Unrecht, wenn er deſswegen Nathan und Brenno (ich nenne nur diese) nicht für gleich würdige Gegenstände des Dichters hält. Verfährt er anders, so läſst er Nathan etwas entgelten, was ihm Brenno nicht entgilt. Sein Urtheil von Gedichten geht nun in den Ketten seiner Meinungen, vielleicht auch seiner Leidenschaft: und solches Geklirr hört man ungern.

Ich habe die Trauerspiele und die Bardiete so geordnet, daſs man fortwährenden Anlaſs zur Vergleichung hat, und sich daher desto öfter fragen kann, ob man sich verzeihen dürfe, wenn man seinen Meinungen einen so schlimmen Einfluſs auf sein Urtheil erlaubt.

SCHAUSPIELE.

DER
TOD ADAMS.

EIN TRAUERSPIEL.

VORBERICHT.

Die Schönheiten eines Trauerspiels, die es mehr durch Gewohnheiten und Sitten einer Nation, als durch die einfältige Natur sind, haben sich oft dadurch der Gefahr ausgesetzt, weniger zu gefallen. Und nicht selten sind sie der Gefahr untergelegen, wenn diese Gewohnheiten und Sitten ein zu fremder Zusatz zu der schönen Natur waren. Denn, wenn wir uns in diesem Falle auch mit noch so vieler Bemühung in die Zeiten und Umstände versetzen, worauf sich ein Trauerspiel vorzüglich bezieht; so bleibt uns doch allezeit, aufs wenigste, eine gewisse zarte Widersetzlichkeit der Empfindung übrig, die den grofsen Mann, für den uns die Geschichte und der Dichter einnehmen wollen, lieber in andern, als in solchen Umständen, die der Natur so oft eine falsche Colorit geben, handeln sehen möchte.

Diese Anmerkung ist eine von den Ursachen gewesen, warum ich unsern Stammvater zu der Hauptperson eines Trauerspiels gemacht habe. Vielen Lesern wird hier gleich einfallen: Daſs man kein Trauerspiel aus der Offenbarung nehmen müsse. Wenn das so viel heiſsen soll, daſs die groſsen Männer, die uns die Bibel aufbehalten hat, nicht so würdig sind vor uns zu erscheinen, als die groſsen Männer des Heidenthums; so sehe ich nicht ein, warum ich Salomo nicht so hoch als Titus schätzen solle. So bald man aber dadurch sagen will, daſs diejenigen groſsen Männer der Offenbarung, die nicht anders, als von den tiefsten Geheimnissen der Religion begleitet, aufgeführt werden könnten, selbst für das ernsthafte Trauerspiel zu ernsthaft sind; so bin ich so sehr von dieser Meinung, daſs ich wünschte, dafs in dem Polieuct einige Stellen nicht wären. Man kann die Religion in zween Hauptgesichtspunkten ansehen. Es führt uns ein Vorhof zu dem Heiligthume. Was in dem Vorhofe geschieht, hat, wenn ich das Wort wagen darf, noch eine gewisse Mine von Weltlichkeit. Es hat aber zugleich so viel wirklich Erhabenes, so viel schöne und grofse Natur, dafs es mir sonderbar vorkömmt, dafs wir nur eine Athalie haben.

Ein gewisser Geschmack hat eingeführt, dafs wir an einem Tage, der kein Feyertag, und an einem Orte, da keine Kirche ist, schlechterdings nicht erlauben, dafs uns Jemand an so etwas ernsthaftes, als die Religion ist, erinnere. Dieses, und die nothwendige äufserste Einfalt bey der Vorstellung dieses Stücks, wird auch dann noch, wenn wir gute Schauspieler haben werden, verursachen, dafs es niemals wird aufgeführt werden können. Ich habe es auch nicht zu diesem Endzwecke gemacht. Wenn ein Scribent seine guten Gründe haben kann, zu einer Begebenheit, die Art vorzustellen, die dem Trauerspiele eigen ist, bequemer, als eine andere zu finden: so begreife ich nicht, warum es ihm nicht erlaubt seyn sollte, sie zu wählen, ob er gleich einsieht, daſs sein Stück, wegen gewisser Nebenumstände, nicht aufs Theater gehöret.

P E R S O N E N.

ADAM.

KAIN.

SETH.

HEMAN, einer von Adams jüngsten Söhnen.

SUNIM, der jüngste.

EVA.

SELIMA, eine Enkelinn Adams.

DREY MÜTTER, die ihre Kinder Adam das erstemal bringen.

EIN TODESENGEL.

Der Schauplatz ist eine Hütte. In der Tiefe derselben ist Adams besonderes Zimmer, wo Abels Altar steht, und wo er zu beten pflegt.

ERSTE HANDLUNG.

ERSTER AUFTRITT.

SETH. SELIMA.

SELIMA.

Wie schön ist dieser glückselige Tag der Liebe! Wie hell ist er! Wie viel freudiger, als alle Tage, die ich gelebt habe! Und nun ist unsre Mutter auch hingegangen, daſs sie sehe, wie ihre Töchter meine Brautlaube schmücken, und mit mütterlicher Hand auch einen Zweig in die Laube flechte. Ich habe kühlende Früchte abgebrochen. Ich habe sie schon auf die Teppiche geschüttet, daſs unsre Brüder und Schwestern sich erfrischen, wenn sie von der Laube kommen. Ich habe sie mit röthlichen Trauben gekränzt. Die schönsten für Heman habe ich mit thauvollen Blättern bedeckt. Ich Glückselige! Der weise, der tugendhafte Heman hat Selima gewählt! Heman liebt Selima! Und dazu werden die Enkelinnen mit der Abendröthe kommen, und ihre dreyjährigen Knaben Adam das erste mal bringen, daſs er sie segne, und uns mit allen seinen väterlichen Freuden in die Brautlaube führe. Aber warum siehst du mich so ernst an, mein Bruder? Warum lächeltte dieses Lächeln nicht ganz?

SETH.

Meine Selima! Ich sann mit ernsten Freuden deiner Glückseligkeit nach.

SELIMA.

Aber du sagtest ja dieses — du sagtest es mit einer Stimme, die Unruh verschweigen wollte.

SETH.

Was kann ich dir, Selima, verbergen! Ich wollte es dir verbergen. Allein die reine Aufrichtigkeit meines Herzens, und dieser wartende Kummer, mit dem du vor mir stehst, zwingen mich, daſs ich dir es sagen muſs. Aber betrübe dich nicht, Selima. Die Liebe zu unserm Vater machte mich zu aufmerksam auf seinen Ernst, mit dem er zu Abels Altare hineinging, als du vor der Hütte standst, und Eva nachsahst.

SELIMA.

Soll ich hingehen, und seine Hand umfassen? und sie festhalten? und ihn kindlich ansehen? und ihm flehn, daſs er nicht traurig sey? — Ach, mein Bruder! mein Bruder! du verschweigst mir noch etwas! So hab ich dich noch niemals weinen gesehn!

SETH.

Meine Selima, wärst du in der Vorhütte geblieben! Du hast mich zu sehr bewegt! Denn nun — ja nun muſs ich dir alles sagen. Noch niemals hab ich unsern Vater so gesehn, wie er erst vor mir vorüberging. Sein Gesicht war fürchterlich bleich! Er bebte fort, kaum ging er. Seine Augen starrten auf mich her! Er sah mich nicht. Er ging zum Altare hinein. Da hört ich ihn laut beten! und laut zittern! Aber ich verstand seine gebrochnen Worte nicht. Seitdem du hier bist, hör ich ihn nicht mehr. Ach Selima, du hast es gewollt. Ich hab es dir sagen müssen! — Hörst du unsers Vaters Schritt? Er kömmt.

ZWEYTER AUFTRITT.

ADAM. SETH. SELIMA.

ADAM.

Seth und Selima sind hier? — Es ist ein finstrer, es ist ein schreckenvoller Tag! — Er wird wieder heiter werden, Selima! Doch geh zu deiner Mutter, und lies Blumen mit ihr, deine Brautlaube zu schmücken. Sag ihr, dafs es auf meinen Befehl geschieht, dafs du hierinn wider die Gewohnheit einer Verlobten handelst.

SELIMA.

Ich gehe, mein Vater. —

DRITTER AUFTRITT.

ADAM. SETH.

ADAM.

Sie hat eine schöne Seele! Wie sie es empfand, dafs sie uns verlassen mufste. Mein Sohn! — — (Gott segne sie! Ich werde sie nicht wieder sehen! Sie ist wie Eva, da der

Fluch noch nicht war! Gott segne sie!) Mein Sohn! Mein bester Sohn! Ich weis, wie du den Unerschaffnen kennst, und wie tief du ihn anbetest! Du bist ein Mann, mein Sohn! Ich kann dir alles sagen! — Heut sterb ich!

SETH.

Mein Vater! — Adam! mein Vater!

ADAM.

Vor sich. Er verstummt! Ich werde bald länger verstummen! Zu Seth. Mein ganzes Herz empört sich, da ich dich leiden sehe! Aber du mufst mich hören! Viel fürchterlicher war die Stimme, da ich das erste mal das erstaunungsvolle Wort, Tod! vernahm. Unter allen meinen Kindern bist du der einzige, der mich sterben sehen, der mir sterben helfen soll. So gewifs ich wufste, dafs ich geschaffen war, da ich mich empor hub, und gen Himmel sah; so gewifs weis ich, dafs ich heut sterben werde! — Ich safs in der Vorhütte und überliefs mich den Freuden über die Glückseligkeit meiner Kinder Heman und Selima ganz! Auf einmal, so sehr auf einmal, als je der schnellste Gedanke gedacht worden ist, erschütterte mich, kein Erstaunen, kein Schauer, keine Angst, der kommende Tod erschütterte mich, und strömte durch alle meine Gebeine! Izt ist dieses mächtige Gefühl zur Betäubung geworden, sonst würde ich, wie du verstummen, oder du würdest doch die Sprache meiner Angst nicht verstehn! Mein theurer Sohn! Mein Sohn Seth! Du Bruder Abels! Ich will nicht klagen! Wie dürft ich klagen? Da ich diesen kommenden Tod empfand, da fuhr eben so schnell der Gedanke in meiner Seele auf, daſs ich heut sterben würde! Tief grub er sich in mein Herz ein. Und noch denk ich nur ihn! Da schwebt er vor meiner Stirne! Hier schlägt er in meinem Herzen! Und noch Einer, den ich dir an dem Tage meines Todes nicht mehr verschweigen will, begleitet ihn, und ist so gewaltig, wie er! Als ich gerichtet ward, und nun von meiner Betäubung aufstand, trat ein Todesengel vor mich und sprach: Wenn du diesen Ausspruch verstehn wirst, den Tag, Adam, sollst du mich wieder sehen! Ich erwarte die Erscheinung, die furchtbare Erscheinung, so gewiſs ich sie auch erwarte! doch würde sie noch furchtbarer seyn, wenn ich sie nicht erwartete! — Schau gen Himmel auf, mein Sohn! Der mich richtet, mischt Linderung in meine Todesangst! Aber das fühl ich von neuem, daſs sein groſses Urtheil: Ich sollte des Todes sterben, noch nicht vollzogen, und von viel tieferm Inhalt ist, als ich izt noch verstehe. Du wirst meine Quaal sehn! Ich fürcht ihn nicht den Tod, zu dem ich mich Jahrhunderte bereitet habe: aber fühlen werd ich ihn!

SETH.

Sage mir, ach! sage mir, mein Vater: Du willst sterben?

ADAM.

Wie gern blieb ich noch unter euch, meine Kinder!

SETH.

Ach bleib denn, mein Vater, bleib!

ADAM.

Laſs mich, mein Sohn! Meine Seele hängt an deiner Seele! Laſs mich! Du bist mein sehr theurer Sohn: Aber der das Todesurtheil über mich aussprach, ist anbetenswürdig!

SETH.

Er ist es! Er ist es! — Aber könnte dich, mein Vater, die Liebe zu deinen Kindern nicht täuschen, daſs du eine starke Erschütterung deiner männlichen Gesundheit, dieser Gesundheit, die Jahrhunderte gedauert hat, für den kommenden Tod hieltest?

ADAM.

Wie kann ich dem geliebtesten meiner Söhne antworten, wenn er so redet? O wenn es der Todesengel nur nicht zu schnell entscheidet! Wenn meines Sohns Augen den Furchtbaren nur nicht selbst sehn! — Dort ist Abels Altar, Sohn! dort, wo er noch mit dem Blute deines Bruders bezeichnet ist! dort fafs ihn mit ringenden Händen! Dort hebe sie empor! Geh! werd erhört! Vielleicht dafs du noch einen Tag zu meinem Leben erflehst!

SETH.

O Vater! — Adam, mein Vater! — Ich gehe.

VIERTER AUFTRITT.

ADAM allein.

Er ist hingegangen! Wenn er auch wird beten können; wird er doch nicht erhört werden! — Was ist das in mir! Hört die Betäubung auf? Und fängt die Empfindung des Todes mit allen ihren Schrecken wieder an? Izt steh ich noch über dem Staube! In wenigen Stunden werd ich unter ihm verwesen! Und wenn nun meine geliebte Eva, wenn nun meine Kinder kommen, und mich sterben sehen! — Nein, so entsetzlich ist der Gedanke von der Verwesung nicht, als der, wenn mich Eva sterben sieht! — Die Mitgeschaffne! die Geliebteste unter den Geliebten, wird sie mit mir sterben? Du weiſst es, und nur du, der den Fluch über uns aussprach!

FÜNFTER AUFTRITT.

ADAM. SETH.

ADAM.

Du kömmst wieder. Hast du gebetet, Sohn?

SETH.

Wie ich noch nie gebetet habe. Schauer auf Schauer! Das war mein Gebet.

ADAM.

Aber, mein Sohn! Wenn nun Eva mit ihren Kindern käme! Sollen sie mich sterben sehen? Geh, Sohn, und sage ihnen, daſs ich allein opfern wolle, und daſs sie erst kommen, wenn die Sonne untergegangen ist.

SETH.

Ich kann dich izt nicht verlassen, mein Vater, das kann ich nicht! Ich habe dir in meinem ganzen Leben gehorcht. Doch heute kann ich dich nicht verlassen! Dazu ist Selima schon hingegangen und hat sie traurig gemacht! Denn sie bat mich, und überwand mein Herz. Ich sagte ihr, mit welcher Banggigkeit du zum Altare hineingingst.

ADAM.

So kommen sie denn! Nun, so wird mein Herz eher brechen.

SETH.

Ich höre Fuſstritte. Das sind die Füsse Selima.

ADAM.

Izt kommen sie schon! O meine Kinder, meine Kinder! Ich unglückseligster unter den Vätern!

SECHSTER AUFTRITT.

ADAM. SETH. SELIMA.

ADAM.

Vor sich. Sie ist todtblaſs, wie Abel war, da er am Altare lag! Zu Selima. Warum bist du so bekümmert, Selima? Sey ruhig, meine Tochter.

SELIMA.

Zürne nicht mit mir, mein Vater, dafs ich dir nicht gehorchte. Habe Mitleiden mit deiner Selima. Da ich eilte zu meiner Mutter zu gehn, da wurde ich so bang, so beklommen über das, was mir Seth von dir gesagt hatte, dafs es mir auf einmal dunkel vor meinen Augen ward. Weiter weis ich nicht was geschah. Ich habe mich seitdem unter den Blumen wieder gefunden. Ach, zürne nicht, dafs ich nicht zur Laube gegangen bin. Mein Vater! Sie umfafst seine Knie sey nicht traurig, mein Vater! Soll ich kühlende Blätter auf deinen Sommersitz streuen? und ihn überschatten, dafs du da sitzest, und deine Kinder kommen siehest?

ADAM.

Steh auf, Selima! Du bist meine geliebte Tochter! Sey meinetwegen nicht bekümmert. Ich habe nur eine ernsthafte Unterredung mit Seth. Ich bin in der Vorhütte gewesen. Du hast den Weinstock noch nicht so hoch an den Ulm hinauf gewunden, als du mir sagtest, dafs du thun wölltest. Du bist meine geliebte Selima. Geh hin, und sey ruhig. Du weifst, ich liebe diesen Ulmbaum vor allen unsern nachbarlichen Bäumen.

SIEBENTER AUFTRITT.

ADAM. SETH.

ADAM.

Wäre sie länger geblieben, so hätte ich ihren Anblick nicht mehr aushalten können. Ach, du kannst mir es nicht nachempfinden, Seth, wie unglücklich ich bin! Diese Blume, diese unschuldvolle Blume wird auch abfallen, und in Staub sinken! und die Enkelinnen ihrer Enkelinnen auch! Du weiſst es, und du verstandst mich immer am meisten, wenn ich euch erzählte, wer ich nach meiner Schöpfung war! Aber nun muſs ich sterben! und alle meine Kinder müssen sterben! Er liegt wie ein Gebirge auf mir! Es ist ein entsetzlicher Gedanke! — Geh, mein Sohn, und heitre Selima auf. Ich will hingehen und mir bey dem Altare ein Grab machen.

SETH.

Ich verlasse dich nicht! Und du sollst dir kein Grab machen! Ich beschwöre dich bey dem lebendigen Gott! mache dir kein Grab!

ADAM.

Abel liegt dort begraben! Ich will dort auch begraben liegen! Wollt ihr mich vor euren Augen verwesen sehn?

SETH.

Du furchtbarer Gott, der uns gerichtet hat! —

ADAM.

Die Schrecken des Allmächtigen ergreifen mich zu sehr! Ich muſs mein Antlitz von dir wenden, Sohn! — Es ist ein dunkler Tag! Was bebt dort? Ein schwarzer entsetzlicher Tag! — Hörst du die Felsen beben, Sohn? Er wandelt immer näher herauf! Vernahmst du wie izt der Hügel an unsrer Hütte bewegt ward? Auf dem Hügel steht er! Siehst du den Fürchterlichen?

SETH.

Es ist Nacht um mich; aber mein Ohr hört!

ADAM.

Zu Seth. So hör denn mich und ihn! Zum Todesengel. Ich kannte den Fuſstritt deines Ganges wohl, Gesandter des Gerichts! Todesengel! Verderber! hier bin ich!

DER TODESENGEL.

So sagt der, der dich aus Staube zum Menschen schuf: Eh die Sonne den Zedernwald hinunter gestiegen ist; sollst du des Todes sterben! Einige deiner Nachkommen werden entschlummern; einige sterben: aber du sollst des Todes sterben! Das sollst du, wenn ich wiederkomme, und auf diesen Felsen trete, und ihn erschüttre, dafs er hinstürzt. Dein Auge wird dunkel seyn, und nicht sehen; aber dein Ohr wird den donnernden Felsen hören, eh die Sonne den Zedernwald hinunter gestiegen ist.

ADAM.

Sage dem, der mich geschaffen und gerichtet hat, dafs ich mich aufmache, und komme, und anbete! Fleh ihn an, du Furchtbarer, dafs er Lindrung in meine Todesangst mische.

SETH.

O du mein theurer Vater, ich will mit dir sterben! Warum gehst du von mir, mein Vater?

ADAM.

Anzubeten!

ACHTER AUFTRITT.

SETH allein.

Zu bittrer, unaussprechlicher Schmerz! Du namlosester unter den Schmerzen! Du wirst mein Leben zerreifsen, bis ich mich auch bey seinen Gebeinen niederlege! Ach du erster und bester der Väter! Vater der Unmündigen und Ungebohrnen! — (Meine Ungebohrnen werden seine grauen Haare nicht sehn!) Du Todestag! Ach, du Todestag meines Vaters! wie schnell bist du gekommen, mich laut zu fragen: Ob ich Gott fürchte? — Ich will hingehen und mich mit meinem Vater vor den Altar legen. Dieser bebende Arm soll ihm sein Grab mit aufgraben! O du Grab! du Grab meines Vaters! Und du erschreckliche Stimme: Eh die Sonne den Zedernwald hinunter gestiegen ist!

ZWEYTE HANDLUNG.

ERSTER AUFTRITT.

ADAM. SETH.

ADAM,

der an den Altar gelehnt, bey seinem Grabe steht.

Es ist fürchterlich, Sohn! Zwar diese kühle Erde, in der auch die duftende Rose und die schattende Zeder wächst, ist es nicht! Aber hier soll ich verwesen! — Ich, der unter der bildenden Hand des Allmächtigen aufsprang! den keine Sterbliche gebohren hat. Und schon kündigt sich die Verwesung bey mir, so fern nicht mehr, an. Mein Auge wird dunkler! Mein Arm bebt, oder starret! Ich athme die Lebensluft schwer ein. In meine innerste Nerven hat sich der Tod tief eingegraben. Ich fühl es wohl, hier in meinem Herzen voll kalter Angst, fühl ich es, daſs ich des Todes sterbe: und nicht entschlummre! — Mein Auge wird immer dunkler. Komm, Sohn! Eh sich ihm die Schöpfung ganz verschliefst, will ich noch einmal hingehen, und einen freyern Raum meines mütterlichen Landes, als dieses Grab, überschaun. Thu unsere Hütte gegen Eden weit auf, dafs ich dort hinaus sehe, und lebendige Luft athme.

SETH.

Dort liegt Edens Gebirge.

ADAM.

Ich sehe kein Gebirge mehr! Ist die Sonne mit Wolken ganz bedeckt, Sohn?

SETH.

Es sind noch viel Wolken da, aber die Sonne ist nicht ganz bedeckt.

ADAM.

Ist sie noch weit vom Zedernwalde? Doch sage mirs nicht, ich will dich hernach wieder fragen.

SETH.

Izt bedecken sie die Wolken wieder. Schwarze Wolken bedecken sie.

ADAM.

So seh ich sie nicht mehr, wenn sie auch hernach wieder hervorkömmt! denn so bald ich zu meinem Grabe zurück gegangen bin, so geh ich nicht wieder davon weg. Komm mein Sohn, dass ich mich an dich lehne.

SETH.

Mein Vater! —

ADAM.

Ihr schönen Gefilde! Ihr hohen quellvollen Berge! Ihr schattenden kühlen Thäler, und ihr Kinder der Berge und der Thäler! die ihr euch unter dem Fusse des Wandrers biegt, oder eure Wipfel über die hohe Wolke emporhebt! ihr segenvollen Gefilde, wo ich gewandelt, wo ich Leben und Freude eingeathmet, wo ich so lange, wo ich so oft glückselig gewesen bin, wo ich alle meine Kinder, so viele Lebendige um mich gesehen habe! Und du vor allen, o Eden! doch ich kann deine Wonne nicht nennen, ich müsste Thränen unter die Wonne mischen, und ich will dich durch Thränen nicht entweihen! von euch nehm ich heut feyerlich Abschied, da ich aufhöre, ein Sterblicher zu seyn! Doch ihr hört nicht auf, die Folgen des Fluchs zu tragen, der mit meiner Sterblichkeit über euch kam. — Ich will mich wegwenden, mein Sohn, denn ich kann den Strom kaum mehr von der Ebne unterscheiden. Wie wird mir seyn, wenn ich nun bald den besten meiner Söhne nicht mehr kennen werde!

Vor sich. Er bebt! Ich muſs mich ermannen! Zu Seth. Ich bin wegen Selima besorgt, daſs sie zu uns komme. O wie würde ich die Wehmuth dieser zarten Unschuld aushalten können.

SETH.

Nun kann ichs dir nicht mehr verschweigen, mein Vater. Es kömmt mir vor, als wenn ich Selima schon einige Zeit ängstlich hin und her gehen höre. Sie geht schneller gegen die Thüre zu, als sie zurück geht.

ADAM.

Sage mir, mein Sohn, würd ichs ihr verbergen können? Oder fängt der Tod schon an, sich auf meinen Wangen zu verbreiten? Du wendest dich von mir?

SETH.

Ach jedes Wort aus deinem Munde geht mir durch die Seele! Du bist fürchterlich bleich, mein Vater! Ich habe Abel nicht gesehen, aber ich habe einen Jüngling gesehen, der in seiner Blüthe starb, und dessen Tod sie dir verborgen haben.

ADAM.

Also treff ich bey Abel noch einen meiner Kinder an? Ach sie haben vielleicht mir und auch dir noch vieler andern Tod verborgen! Er fürchtete den Allmächtigen doch der Jüngling?

SETH.

Er hatte eine schöne Seele. Ueber ihn vergafs ich die finstre Seite des Todes lange. Denn er starb mit dem Lächeln eines Engels. Aber ich konnte seinen Anblick nicht aushalten, da er todt war. Doch Selima kömmt.

ADAM.

Ach Sunim, mein jüngster Sohn, Sunim ist auch noch nicht wieder gefunden!

ZWEYTER AUFTRITT.

SELIMA. DIE VORIGEN.

SELIMA.

Mein Vater werde nicht zornig, dafs ich schon wieder dein Gebot übertrete. Aber höre mich, mein Vater. Es geht ein Mann, ein Mann, wie ich noch keinen gesehen habe, um unsre Hütte herum, und droht mir, dafs ich ihm die Hütte öffne. Er will zu Adam. Er erschreckte mich sehr. Es müssen noch irgendwo Menschen wohnen, die deine Söhne nicht sind, und deren Sohn er ist. Er ist Adams Sohn nicht!

ADAM.

Wie ist der Mann gestaltet, Selima?

SELIMA.

Es ist ein hoher drohender Mann. Er hat tiefe Augen, mit denen er wild umher schaut. Er hat sich mit fleckichten Häuten bedeckt, die schimmern. Er trägt eine schwere knotenvolle Keule. Er sieht verbrannt, und doch bleich aus; aber nicht so bleich, als du izt bist. Ach mein Vater! —

ADAM.

Hatte der Mann seine Stirn entblöst?

SELIMA.

Ja, er hatte sie entblöst, und auf derselben etwas, das ich nicht beschreiben kann, weil ich es kaum anzusehen vermochte. Röthlich, glühend, fürchterlich, lief es über sie herunter, wie der zückende Blitz.

ADAM.

Es ist Kain, Seth, es ist Kain! Der Allmächtige hat ihn gesandt, daſs er mir meinen Tod noch bittrer mache. Geh, daſs wir gewiſs erfahren, ob ihn der Allmächtige gesandt habe, geh, sag ihm, daſs er sich wende, und mein Angesicht nicht sehe! Aber wenn er dennoch kommen will; so hab ichs verdient, dass er komme, und so hat ihn Gott gesandt! Doch verschleuss vorher den Altar, dass er seines Bruders Blut nicht sehe.

DRITTER AUFTRITT.

SELIMA.

Mein Vater, ach, was war denn das für eine geöffnete Tiefe bey dem Altare?

ADAM.

Du hast noch kein Grab gesehen, Selima?

SELIMA.

Was ist das, ein Grab, mein Vater?

ADAM.

Vor sich. Zu jammervoller Tag! Kain kömmt! Und dieses unschuldvolle, dieses geliebte Kind vor mir!

SELIMA.

O rede mit mir, mein Vater! Du bist doch nicht zornig auf Selima? Sonst nanntest du mich ja deine Selima!

ADAM.

Du bist es auch! Du bist meine sehr geliebte Tochter!

SELIMA.

Ach du sagtest ja, mein Vater! dass Kain

gekommen wäre, dir deinen Tod noch bittrer zu machen. Ach! ich kanns nicht aussprechen! — Du willst doch nicht sterben, mein Vater?

ADAM.

Sey nicht so bekümmert, meine Selima. Du weiſst es ja, daſs uns Gott gesagt hat: Wir sollen wieder Erde werden, woraus wir gemacht sind. Meine Haare sind schon lange grau gewesen, lange vorher eh du gebohren wurdest! Wenn mich nun Kain heut zu sehr betrübte! —

SELIMA.

Ach um deiner bessern Söhne willen, um Abels, um Seths, um Hemans willen *sie umfaſst seine Knie* um der Unmündigen willen, die du heute das erste mal segnen wirst, stirb nicht, ach stirb nicht, mein Vater! —

ADAM.

Weine nicht, du theure Tochter! — Steh auf. Sie kommen.

VIERTER AUFTRITT.

KAIN. SETH. DIE VORIGEN.

KAIN.

Ist das Adam? Du wurdest ja sonst beym Anblicke derjenigen nicht bleich, die du elend gemacht hast!

ADAM.

Schone mindstens dieser weinenden Unschuld!

KAIN.

Ist Unschuld auf der Erden gewesen, seit dem Adam Kinder gebohren sind?

ADAM.

Zu Selima. Verlaſs uns, meine Tochter Selima. Seth soll dich wieder zu mir rufen.

FÜNFTER AUFTRITT.

ADAM. KAIN. SETH.

ADAM.

Warum hast du mein Gebot übertreten, und bist in meine friedsame Hütte gekommen, Kain?

KAIN.

Beantworte mir vorher auch eine Frage, so will ich dir antworten. Wer ist der Mann, der mich zu dir herein geführt hat?

ADAM.

Es ist mein zweyter Sohn Seth.

KAIN.

Ich mag deines Mitleids nicht! Es ist dein dritter Sohn! Und nun will ich dir auch antworten. Ich bin gekommen, mich an dir zu rächen, Adam!

SETH.

Willst du meinen Vater auch erwürgen?

KAIN.

Eh du gebohren wurdest, war ich schon ganz elend! Laſs mich und Adam allein reden. Ich will deinen Vater nicht tödten!

ADAM.

Wofür willst du dich an mir rächen, Kain?

KAIN.

Daſs du mir das Leben gabst!

ADAM.

Dafür, mein erstgebohrner Sohn?

KAIN.

Ja dafür, daſs ich meinen Bruder Abel erwürget habe! Daſs sein Blut laut zum Allmächtigen gerufen hat! Daſs ich der Unglückseligste unter allen deinen Kindern bin, die dir gebohren sind, und noch gebohren werden sollen! Daſs ich mit diesem Elende belastet, auf der Erde herumirre, und keine Ruhe finde! selbst im Himmel keine finden würde! Dafür will ich mich an dir rächen!

ADAM.

Eh ich dir gebot, daſs du mein Antlitz nicht mehr sehn solltest, hab ich dir dieſs schon oft beantwortet. Aber so hast du es mir noch nie gesagt, und so hab ich es noch nie empfunden, als an diesem schrecklichsten meiner Tage!

KAIN.

Du hast es mir nie genug beantwortet. Und wenn du es heut empfunden hast, wie stark und wie wahr es ist; so ist das doch meine Rache noch nicht! Jahre schon, lange Jahre, hab ich dich, heiſse, gerechte, wiedervergeltende Rache! beschlossen! heut will ich dich ausführen!

SETH.

Wenn dein starres Auge vor Wuth noch sieht, so schau, o Kain! schau seine grauen Haare!

KAIN.

Grau! oder abgefallen! Ich bin der Unglückseligste unter seinen Kindern! Ich will mich an ihm rächen! Rächen will ich mich, daſs er mir das Leben gab!

ADAM.

Zu Seth. Sein und mein Richter hat ihn hergesandt! — Was ist denn deine Rache, Kain!

KAIN.

Ich will dir fluchen! — —

ADAM.

Das ist zu viel, mein Sohn Kain! Fluche deinem Vater nicht! Um der Rettung willen, die du noch finden kannst, fluch Adam nicht!

KAIN.

Ich will dir fluchen!

ADAM.

So komm denn, ich will dir den Ort zeigen, wo du mir fluchen sollst! Komm, dieſs ist deines Vaters Grab! Ich werde heut sterben! Ein Todesengel hat mirs angekündigt!

KAIN.

Und was ist das für ein Altar?

SETH.

Du Unglückseligster unter den Menschen,

weil du der Boshafteste unter ihnen bist! Das ist Abels Altar! und, an diesen Steinen, das ist sein Blut! —

KAIN.

Die Wuth des Abgrunds steigt zu mir herauf! Der Altar, der fürchterliche Altar, liegt wie ein Fels auf mir! Wo bin ich? — Wo ist Adam? — Höre mich, Adam! Mein Fluch beginnt: An dem Tage, da du sterben willst, Adam! — an dem lezten deiner Tage, — müsse dich die Todesangst von siebentausend Sterbenden ergreifen! Müsse das Bild der Verwesung — — —

ADAM.

Es ist zu viel! Es ist zu viel, mein erstgebohrner Sohn! — Nun versteh ich dich ganz, du Todesurtheil! das dort über mich ausgesprochen ward, ich verstehe dich ganz! — Laſs ab von mir, mein erstgebohrner Sohn!

KAIN.

Ach! — Ach! — hab ich meines Vaters Blut vergossen? Wo bin ich? — Wer leitet mich aus dieser schreckenden Dämmerung, wer leitet mich, daſs ich die Nacht des Abgrunds finde? — — — Doch hier ist mein Vater! — Ist er es selbst? oder erscheint er mir? Wende dein Antlitz von mir, daſs ich entfliehn kann.

Er entflieht.

SECHSTER AUFTRITT.

ADAM. SETH.

Er hat meine ganze Seele erschüttert! Geh ihm nach, Seth. Er ist mein Sohn! Geh ihm nach, und such ihn auf, und sag ihm: Daſs er seine Hand nicht an mich gelegt hat, und daſs ich ihm vergebe. Erinnere ihn nicht daran, daſs ich heute sterbe.

SIEBENTER AUFTRITT.

ADAM allein.

Was ist das in mir? Ich werde ruhig, da mein Elend zu seiner lezten Höhe empor gestiegen ist? Oder kannst du noch höher steigen, du Elend des Sterbenden? Wenn du das kannst, so mag denn diese schreckende Ruhe meine Seele ganz einnehmen, daſs sie ihr Opfer bereite, und es nicht ungekränzt zum Altare führe! — O du kühles, stilles Grab! nimm den müden Wandrer bald in deinen Schooſs auf! Und du Seele meines Sohns Abel! du schöne Seele! Denn du schwebst gewiſs izt um deines Vaters Grab; wenn du es hörtest, da dem furchtbarsten der Engel geboten wurde, mir den Tod anzukündigen! Wenn du hier bist, mein bester Sohn! so begegne meiner Seele, wenn sie sich nun von dem brechenden Auge, oder von der kalten Lippe emporhebt. Ach du starbst nicht, wie ich sterbe! dreymal seufztest du nur, als du in deinem Blute lagst, und da entschliefst du!

ACHTER AUFTRITT.

ADAM. SETH.

SETH.

Ich habe Kain gefunden. Er lag auf der Erde ausgestreckt. Da er mich sah, stützt er sich auf, und rief mir zu: Ach, einen Trunk aus dieser Quelle, Seth, einen Trunk, daſs ich nicht sterbe! Ich schöpfte, und gab ihm, und er trank. Ich sagte ihm alles, was du mir gebotst. Er richtete sich noch mehr auf, und sah mich an. Es schien als wenn er weinen wollte: aber er konnte nicht weinen! Zulezt sagte er mir: Es ist mein Vater! Gott müsse ihm vergeben, wie er mir vergeben hat!

ADAM.

Es ist genug! —

SETH.

Du bist ja so ruhig, mein Vater!

ADAM.

Ich bins!

SETH.

Was in mir vorgeht, weis ich nicht. Ist es Betäubung? Ist es höhere Kraft, die mich stärkt? Ich bin auch auf einmal ruhig geworden.

ADAM.

Laſs uns sehn, ob unsre Ruhe in unserm Herzen sey? Oder nur leicht darüber schwebe? hast du die Sonne gesehn, da du zurückkamst?

SETH.

Sie war mit Wolken bedeckt, doch war sie nicht ganz dunkel eingehüllt. Wenn mich mein Auge nicht trügt; so war sie — weit herunter gestiegen!

ADAM.

Weit herunter. — Siehe aus, mein Sohn, ob die Wolken nicht weg sind? und ob deine Mutter nicht kömmt? Angst, Todesangst hat mich wieder rings um eingeschlossen! Jammer, wenn ich sie wieder sehe! Und wenn ich sie nicht wieder sehe, Jammer! — Soll ich sie rufen? oder soll ich meine Hütte fest vor ihr verschliefsen?

SETH.

Die Wolken sind nicht weg, und Eva kömmt nicht.

ADAM.

Was soll ich thun? — Ich will es dem überlassen, der der Sonne ihren Lauf und dem Todesengel Gericht gab. Es geschehe, wie er es beschlossen hat! — Mein Sohn Seth! Mein erstgebohrner Sohn! Denn Kain hat mir geflucht, und Abel ist nicht mehr! wenn du nun auch alt und grau geworden bist, und deiner Kinder Kinder, die Enkel meiner Enkel um dich versammelt sind, und dich nach mir fragen, um dich hertreten, und sprechen: Du hast unsern Vater Adam sterben gesehn; Was sagte unser Vater Adam, da er starb? So antworte: (Mein Herz will mir brechen! aber du müst es ihnen sagen!) antworte ihnen: An dem Abend, da er sterben wollte, lehnte er sich an mich, und sprach: Ach, meine Kinder! mein Fluch ist auch euer Fluch geworden! Ich hab ihn über euch gebracht! Der mich zum Unsterblichen geschaffen hatte, legte mir Leben und Tod vor. Ich wollte noch mehr, als unsterblich seyn, und wählte den Tod! — Welch ein Weinen schallt von den Gebirgen! Welch stumme Angst sinkt in die Thäler nieder! Der Vater hat seine Tochter! die Mutter ihren Sohn! Die Kinder haben ihre Mutter, die Wittwe! die Schwester den Bruder! der Freund den Freund! der Bräutigam hat die Braut begraben! Kehrt eure Blicke nicht von meinem Grabe, wenn ihr es seht, und flucht meinen Gebeinen nicht! Erbarmet euch meiner, meine Kinder, wenn ihr mein Grab seht, oder wenn ihr an mich denkt! Erbarmt euch meiner, und flucht den Todten nicht! — Sie werden sich meiner erbarmen! Denn Gott, der Mensch werden wird, die Hoffnung, die Wonne, der Retter des menschlichen Geschlechts hat sich meiner erbarmet! Sag ihnen: Ohne ihn, der kommen wird, wär ich den Schrecken meines Todes ganz untergelegen! wär ich vor Gott vergangen! —

Er setzt sich bey seinem Grabe auf den Altar, wo dieser ein wenig eingesunken ist.

SETH.

Sein Haupt sinkt starrend hin! Ach! — stirbt er? Adam! mein Vater! mein Vater! lebst du, mein Vater?

ADAM.

Laſs mich! Es ist Linderung in der Todesangst. Es ist der lezte Schlummer, den ich schlummre!

SETH.

Wie schnell er eingeschlafen ist! Wie sanft er schlummert! Ich will sein heiliges Haupt zudecken — Ach, ich will deinen Gebeinen nicht fluchen, du bester Vater! — Ach so tief, so tief ist die Sonne herunter gestiegen! — Wer kömmt dort in der Ferne! Aber unsre Mutter kömmt ja sonst niemals allein! Sie kömmt immer mit ihren Kindern! — Sie ist es! sie ist es doch! O mein Herz! mein belastetes Herz! was wirst du nun noch empfinden! Aber ich will weggehen, und mich verbergen, daſs ich mich fasse, daſs ich ein Mann sey, und diese lezte Angst aushalte!

DRITTE HANDLUNG.

ERSTER AUFTRITT.

EVA, von einer, und SELIMA von der andern Seite.

SELIMA.

Ach da kömmt meine unglückselige Mutter! Nein! ich kann ihren Anblick nicht aushalten!

EVA.

Alles ist hier so einsam! Wo ist Adam? Wo ist Seth? Wo ist Selima? O wo sind sie? dass ich ihnen alle meine Freuden, dass ich ihnen die ganze Glückseligkeit dieses Tages erzähle? Ach ich glückselige! Ich glückseligste unter den Müttern!

ZWEYTER AUFTRITT.

SETH. EVA.

SETH, ehe ihn Eva sieht.

Verstumme, du blutender Schmerz, verstumme! helft mir ihren Anblick, helft mir den aushalten, ihr Engel!

EVA.

Da kömmt mein Sohn Seth! Mein Sohn Seth, ich bin die glückseligste unter den Müttern! Wo ist Adam? Ach, ich bin die glückseligste unter den Müttern!

SETH.

Adam schläft, meine Mutter.

EVA.

Wo ist er? Wo schläft er? daſs ich ihn aufwecke, und ihm alle meine Freuden sage!

SETH.

Er ist nur erst eingeschlummert. Laſs ihn noch, meine Mutter!

EVA.

Laſs mich hingehen, mein Sohn. Ich muſs ihn aufwecken! Ach ich Glückselige!

SETH.

Nein, thu es noch nicht, meine Mutter. Er bittet dich, daſs du ihn nicht aufweckst. Er hat mirs gesagt.

EVA.

Er wird in der Nähe so vieler Freuden nicht lange schlafen können. Er wird von sich selbst aufwachen. Ach, mein Sohn Seth! ich habe den Knaben, deinen jüngsten Bruder, ich habe Sunim wieder gefunden! Da er zu den Hütten seiner Brüder gehn wollte, hat er sich in einer Einöde diese lange traurige Zeit verlohren, und ist wunderbar erhalten, wunderbar errettet worden! Doch er soll dieſs alles seinem Vater selbst erzählen. O wie wird ihm sein Herz schlagen, dem armen Sunim, daſs er noch nicht bey seinem Vater ist! Aber ich hab ihn zurück gehalten. Er kömmt mit den drey Müttern. Ich wollt es Adam erst sagen, damit ihn die Freude nicht zu sehr bewegte, wenn er den Knaben auf einmal vor sich sähe! Er kömmt mit den Müttern. Die führen drey vollblühende Knaben. Und zu allen diesen Freuden kömmt noch diese, daſs ich heut meinen Heman und meine Selima in die Brautlaube führe. Das dachtet ihr nicht, meine Kinder, daſs euch Sunim die hochzeitliche Fackel tragen würde!

SETH.

O du geliebte Mutter!

EVA.

Warum siehst du mich so ernst an, mein Sohn? Freuest du dich nicht mit deiner Mutter?

SETH.

So viel Freuden auf einmal machen mich ernst!

EVA.

Ich sehe die Mütter von ferne kommen! Ich muſs gehn, und Adam aufwecken.

SETH,

der die Hände zusammen schlägt und gen Himmel sieht, vor sich.

O du unglückselige Mutter! Zu Eva. Dort ist Adam nicht, wo du ihn suchst.

EVA.

Wo ist er denn, mein Sohn, wenn er schläft?

SETH.

Beym Altare.

EVA.

Beym Altare schläft Adam?

SETH.

Er hat sich dort ein Lager bereitet. Dort will er nun immer schlafen.

DRITTER AUFTRITT.

EVA. ADAM. SETH.

EVA,

die den Teppich vor dem Altare aufzieht.

Ach das ist seine unüberwindliche Traurigkeit wegen Abel! Warum hat er sein Antlitz bedeckt, mein Sohn? Was habt ihr dort aufgegraben? Hat Adam seines Sohns Gebeine gesucht? Ach der Schmerz um Abel wird Adam noch tödten! Du antwortest mir nicht?

SETH.

Es ist ein Grab, meine Mutter!

EVA.

Verbergt mir die Gebeine! zeigt mir meines Sohnes Gebeine nicht! Mein Herz würde mir brechen, wenn ich sie sähe!

SETH.

Wir haben keine Gebeine.

EVA.

So sind auch sie zu Staube geworden? —

Seth! mein Sohn Seth! dein Vater schläft sehr ängstlich. Und diese Hände! O Himmel, diese bleichen Hände!

SETH,

der von der einen Seite zurückkömmt, vor sich.

So dicht am Walde! Zu Eva. Meine Mutter! meine theure Mutter! Nein! nun kann ich nicht länger schweigen. Er verhüllt sich. Es ist Adams Grab! — Er wird sterben, ehe die Sonne den Zedernwald hinunter ist. — Er hat eine Erscheinung gehabt. Ich habe den Todesengel selbst gehöret. — Der Todesengel kömmt wieder. Er kömmt bald. Dann stürzt der Fels an der Hütte ein, und dann —

Eva sinkt an die andre Seite des Altars.

ADAM,

der erwacht und sich aufdeckt.

Das ist ein ängstlicher Schlummer gewesen! Du, in dieser Ruhestatt, du wirst süſser seyn! — Hast du Selima zu mir gebracht, Seth? Sey nicht so sehr gebeugt, Selima! deine Mutter, deine liebevolle Mutter lebt ja noch!

EVA.

Ich bin — ach, wenn du diese gebrochne Stimme noch kennst, o Adam! — ich bin nicht Selima!

ADAM.

O Tod, den ich sterbe!

SETH,

der Adams Knie umfaſst.

Mein Vater, stirbst du?

ADAM.

Stürzte der Fels ein?

SETH.

Der Fels stürzt nicht ein.

EVA.

Leite mich zu ihm, Sohn! — Kennst du mich nun, Adam?

ADAM.

Ich würde dich nicht ganz kennen, wenn ich deine Stimme nicht hörte.

EVA.

Nannte denn der Todesengel meinen Namen nicht mit deinem Namen? Ach soll ich nicht mit dir sterben? Das war immer meine Zuflucht in meinen trüben Stunden, mein stiller einziger Trost war es dann, daſs ich mit dir sterben würde. Ich bin ja mit Adam geschaffen! Aber ich Verlaſsne! ich Einsame! soll ich nicht mit dir sterben?

ADAM.

O du Geliebteste unter den Geliebten! Noch theurer! noch geliebter! an diesem dunkeln entsetzlichen Tage! Eva! Du Mitgeschaffne! Eva! meine Eva! (sehn kann mein Auge nicht mehr, aber es kann doch noch weinen!) Lafs ab von mir! Er ist noch mehr Tod, der Tod, wenn ich deine Stimme höre!

SETH vor sich.

O Himmel! die Mütter kommen auch!

ADAM.

Was für Fufstritte hör ich?

SETH.

Es sind die drey Mütter und Heman.

VIERTER AUFTRITT.

DIE DREY MÜTTER mit ihren Söhnen, und SUNIM von einer, SELIMA und HEMAN von der andern Seite.

SELIMA.

Nun will ich mitgehn. Nun will ich auch hineingehn!

HEMAN.

Ich will auch mitgehn, meine Selima! Ach meine Selima! Nein, ich kanns noch nicht glauben!

EINE MÜTTER.

Komm, Sunim!

NOCH EINE.

Was seh ich!

DIE DRITTE.

Ist das unser Vater?

ADAM.

Geh zu ihnen, mein Sohn Seth.

SETH.

Schaut mich nicht an, sonst verstumme ich vor euch!

Die erste verhüllt sich; die zweyte sieht weg; die dritte beugt sich über ihren Sohn.

Es ist schon lange her, daſs ich diese Todesangst fühle, die euch sagen muſs: Ehe die Sonne die Zedern hinunter ist, stirbt — Adam! Er hat einen Todesengel gesehn. Der kömmt wieder. Wenn der Fels an der Hütte einstürzt, dann ist er da. Dann stirbt Adam! Hier ist sein Grab! — O wendet euch, und schaut nach seinem Grabe nicht hin!

ADAM.

Was ist das für eine Stimme unter den Stimmen der Weinenden, der ich mich nicht genug erinnre? Das ist keine von den Müttern! Das ist auch nicht die Stimme Selima oder Hemans.

SETH.

So freue dich denn noch einmal in deinem

Leben, mein Vater! Es ist Sunims Stimme. Sie haben deinen Sohn Sunim wieder gefunden.

ADAM.

Will mich mein Sohn Seth in meinem Tode täuschen, der mich in meinem Leben nie getäuscht hat, damit ich mich noch einmal freue? Wisse Sohn, für mich ist hier keine Freude mehr!

SETH.

Mein Vater! — —

ADAM.

Aber — warum redet Sunim nicht, dass ich seine Stimme höre?

SETH.

Der Knabe ist vor Schmerz verstummt.

ADAM.

So führ ihn denn her zu mir, dass ich seine starken Locken, dass ich die Wange des Knabens fühle.

SETH.

Hier ist er.

ADAM

zu Sunim, der sein Knie umfasst.

Du bist es! Du bist es! du bist mein Sohn Sunim!

SUNIM.

Ich bin Sunim! —

ADAM.

Gehe zu deiner Mutter, mein Sohn!

Sunim geht zu Eva.

EVA.

Gehe zu deinem Bruder Seth! Ach du hast keine Mutter mehr!

Sunim lehnt sich an Seth.

SETH.

O du Todesurtheil, das über sie gesprochen ward! — — — Richte dich auf, mein Sunim! Lafs mich! Ich komme eilend zu dir zurück. Da er zurückkömmt. Mein Vater! denn heut ist kein Tag des Schonens! kein Tag des Schweigens! Die Sonne steigt hinunter! die Zedern fangen schon an sie zu decken. Gieb uns deinen Segen, mein Vater!

ADAM.

Sie steigt hinunter? — Komm, komm, o Tod, so komm denn Tod! — Ich kann euch nicht segnen, meine Kinder. Der euch geschaffen hat, segne euch! Ich kann euch nicht segnen! der Fluch ruht auf mir!

ALLE.

Gieb uns deinen Segen! Gieb uns deinen Segen! — —

ADAM.

Ich habe keinen Segen! — Vor sich. Sie ist noch nicht vorüber, die namlose Angst! Sie steigt noch! Mit diesen neuen Empfindungen steigt sie! Mein Leben, das Leben meiner ersten Tage empört sich noch einmal ganz in mir! Meine erste Unsterblichkeit, sie, sie ist es, die in meinen Gebeinen bebt! — Wo werd ich hingeführt? — Auch die Dunkelheit fällt von meinen Augen! Aber ach, sie fällt, dafs ich diese todesvollen Gefilde sehe! — Kehrt eure Blicke von mir, ihr starren Augen! Du rufst laut: Blut, Blut der Erschlagenen! Du rufst laut: trübes, schwarzes, zu schrecklichcs Blut, wende deinen Strom, und fleuch! Oder dafs jene Gebirge dich bedecken! — Ach! und diese Mutter mit gerungnen Händen, die gen Himmel ruft! Und dieser todte Jüngling mit der stummen Lippe! Er war ihr einziger Sohn! Jener fortgerifsne Arm! — Dieser rauchende Schädel! — Flieht! flieht! Erbarmt euch meiner, meine Kinder! ihr einsamen Uebrigen! und führt mich von diesem Gefilde weg! —

SETH, der gen Himmel sieht.

Wenn diese gerungnen Hände, wenn diefs Herz, das mit seinem Herzen bricht — — —

ADAM.

Ist Seth, ist mein Sohn Seth so nahe bey mir? Ich hörte deine Stimme, Seth. Ach, ich habe so sanft geschlummert.

SETH.

O ihr Engel, er lächelt! — Kommt, kommt! Komm Eva! komm Heman und Selima! und Sunim, du! Kommt ihr Mütter! lafst uns sein leztes Lächeln sehn! Wir sind alle hier. Segne uns, mein Vater!

ADAM.

Kommt her, meine Kinder! Wo bist du, Seth, dafs ich meine Rechte auf dich lege, auf dich, Heman, meine Linke. Selima neige sich an Heman, und Sunim an Seth. Kommt, ihr Mütter, und führt mir eure Söhne her. Eva segne ihre Kinder mit mir!

Sie knien um ihn.

EVA,

indem sie zulezt auch niederkniet.

Du mufst mich auch segnen, Adam!

ADAM.

Ich soll Eva auch segnen? Da hast du meinen Segen: Komm mir eilend nach! Du wurdest bald nach mir geschaffen, du Mutter der Menschen! So müssest du nach mir sterben! Hier ist mein Grab!

EVA.

Das waren Worte eines Engels, die du sprachst, o Adam!

ADAM.

Das ist mein Segen, meine Kinder! das ist mein Segen, mit dem ich die Enkel eurer Enkel, mit dem ich das ganze Geschlecht der Menschen segne. — Der Gott eures Vaters, der Staub zum Menschen empor gehoben, und ihm eine unsterbliche Seele eingehaucht hat! dessen Erscheinungen ich gesehen habe! der mich gesegnet, und gerichtet hat! — Er, der grofse Angebetete, gebe euch — viel Schmerzen — und viel Freude! und so erinnere er euch oft, dafs ihr sterben müfst, wieder unsterblich zu werden. Was nur die Erde giebt, und der Leib des Todes nur empfängt, das nehmt, wie der Wandrer, der sich an der Quelle nicht hinsetzt, sondern eilt. Seyd weise, dafs euer Herz edel werde! Seyd so edel, dafs ihr den grofsen Werth der Trübsale dieses Lebens ganz verstehn lernt. Liebt euch untereinander! Ihr seyd Brüder! Menschlichkeit müsse eure Wonne seyn! Der sey der gröfste Mann unter euch, der der menschlichste ist! Es müsse euch an Seths nicht fehlen, die euch an Gott erinnern! Und wenn der Gott eures

Vaters und euer Gott den grofsen Verheifsnen, zu dem ich izt gehe, euch sendet: so hebt euer Haupt auf, und schaut gen Himmel, und betet an, und dankt, dafs ihr geschaffen seyd! — Aber auch dann noch seyd ihr Erde, und müfst zu Erde werden!

Indem er diese leztern Worte spricht, wird ein dumpfes Geräusch in der Ferne gehört.

SETH,

der ängstlich aufspringt.

Hört ihr die Felsen beben?

EVA.

Adam!

SETH.

Sie beben immer näher herauf!

ADAM.

Richter der Welt! ich komme! indem der Fels krachend einstürzt O Tod! — Du bists! Ich sterbe!

HERMANNS SCHLACHT.

EIN BARDIET FÜR DIE SCHAUBÜHNE.

LEIPZIG

BEY GEORG JOACHIM GÖSCHEN. 1804.

HERMANNS SCHLACHT.

EIN BARDIET FÜR DIE SCHAUBÜHNE.

AN DEN

KAISER.

Ich übergebe Unserm erhabnen Kaiser dieses vaterländische Gedicht, das sehr warm aus meinem Herzen gekommen ist. Nur Hermann konnte seine Schlacht wärmer schlagen. Sie, gerecht, überdacht, und kühn, wie jemals eine für die Freyheit, und deutscher, als unsre berühmtesten, ist es, die gemacht hat, daſs wir unerobert geblieben sind.

Niemanden, oder dem Kaiser muſste ich ein Gedicht zuschreiben, dessen Inhalt uns so nah angeht. Und diese Zuschrift soll zu denen seltnen gehören, welchen man ihr Lob glaubt. Was sage ich ihr Lob? Wenn der Geschichtschreiber redet; so lobt nicht er, sondern die That. Und ich darf That nennen, was beschlossen ist, und bald geschehen wird.

Der Kaiser liebt sein Vaterland, und das will Er, auch durch Unterstützung der Wissenschaften, zeigen. Nur dieſs darf ich sagen.

Aber ich wage es noch hinzu zu setzen, daſs Er die Werke, welchen Er Unsterblichkeit zutraut, bey den Bildnissen derer, die sie geschrieben haben, aufbewahren wird.

Mit gleichen Gesinnungen schätzte Karl der Groſse die Wissenschaften, indem er die Geschichte zu seiner Wegweiserinn machte, die Bewegung der Gestirne untersuchte, die Sprache bildete, und die Gesänge der Barden nicht länger der mündlichen Ueberlieferung anvertraute; sondern sie aufschreiben lieſs, um sie für die Nachkommen zu erhalten.

Die Zeiten Karls waren seiner nicht würdig; ihr eigner geringer Nachlaſs, und der Verlust des von ihm gesammelten älteren, zeigen dieses genug: Ob es unsre Josephs waren, entscheiden zwar nur die künftigen; aber wir dürfen doch, wie mir es vorkommt, gute Ahndungen von dieser Entscheidung haben.

Ich kenne keinen stärkern Ausdruck der Verehrung, mit dem ich mich, bey Überreichung dieses Gedichts, Ew. Kaiserlichen Majestät nähern könnte, als daſs ich meinem Vaterlande, und Ew. Majestät Selbst zu dem, was Sie für die Wissenschaften thun wollen, Glück wünsche. Niemals bin ich stolzer auf mein Vaterland gewesen, als bey dieser Vorstellung. Und mich deucht, ich höre schon mit dem frohen Beyfalle Aller, welche von Werthe urtheilen können, die unentweihte Leyer der Dichtkunst erschallen; und sehe die Geschichte aufstehn, sie den goldnen Griffel nehmen, und sich dem daurenden Marmor nahen. Dieser ganze Erfolg wird desto gewisser seyn; je gerechter es ist, die, welche sich zudrängen, zu entfernen, und je edler, die aufzusuchen, die unbekannt zu seyn glauben. Diese wird die schönste der Blumen in dem Kranze Ew. Kaiserlichen Majestät seyn.

Ich würde es nicht wagen, hier von mir zu reden, wenn ich nicht zugleich Ew. Majestät den Namen eines grofsen Mannes nennen könnte. Ich war wenigen bekannt, und ich kennte den Grafen Bernstorff gar nicht: dennoch war Er es, der mich zu dieser Zeit einem Könige empfahl, dessen Andenken mir auf immer theuer und unvergefslich seyn wird.

Ich bin mit jeder Empfindung der Aufrichtigkeit und des Vergnügens, welche die freyeste Verehrung hat,

EW. KAISERLICHEN MAJESTÄT

allerunterthänigster

FRIEDRICH GOTTLIEB KLOPSTOCK.

TACITUS.

Unsre Stadt hatte sechs hundert und vierzig Jahre gestanden, als wir, unter Cäcilius Metellus und Papirius Carbo Consulate, das erstemal hörten, daſs die Cimbrer gegen uns in Waffen wären. Von dieser Zeit an bis zu dem zweyten Consulate Trajans, sind zwey hundert und zehn Jahre. So lange überwinden wir Deutschland. In diesem groſsen Zeitraume, welcher Verlust auf beiden Seiten! Nicht der Samnit, nicht der Karthager, nicht der Spanier oder Gallier, selbst der Parther hat uns nicht öfter an sich erinnert. Denn der freye Deutsche ist kriegerischer, als der beherrschte Parther. Und kann uns der Orient, der durch den Sieg des Ventidius sogar seinen Pacorus verlohr, etwas anders vorwerfen, als Crassus Niederlage? Aber die Deutschen haben die Consul, Carbo, und Cassius, und Scaurus Aurelius, und Servilius Cepio, und Marcus Manlius geschlagen, oder gefangen genommen, ihre fünf Armeen der Republik, und Varus mit drey Legionen dem Kaiser vertilgt. Und nicht ohne Verlust haben Cajus Marius in Italien, der grosse Julius in Gallien, und Drusus, Nero, und Germanicus sie in ihrem eignen Lande besiegt. Hierauf wurde Cajus Caesar wegen seiner unausgeführten Drohungen verlacht. Nach einiger Ruhe eroberten sie, durch unsern Zwiespalt und unsre bürgerlichen Kriege eingeladen, die Winterlager der Legionen, und wagten es, in Gallien einzudringen. Sie wurden zwar wieder daraus vertrieben; aber gleichwohl triumphirten wir in den folgenden Zeiten vielmehr über sie, als dass wir sie überwanden.

PERSONEN.

HERMANN.

SIEGMAR, sein Vater.

FLAVIUS, Hermanns Bruder.

SEGEST, Fürst der Cherusker.

SIEGMUND, sein Sohn.

HORST, einer von Siegmars Kriegsgefährten.

DEUTSCHE HAUPTLEUTE.

ZWEY CENTURIONE.

BRENNO, Oberdruide.

DRUIDEN.

KEDMON, ein Druide.

WERDOMAR, Führer des Bardenchors.

BARDEN.

OPFERKNABEN.

THUSNELDA mit ihren JUNGFRAUEN.

BERCENNIS, Hermanns Mutter.

Der Schauplatz ist auf einem Felsen an dem Thale, in welchem die Schlacht entschieden wird.

ERSTE SCENE.

SIEGMAR. HORST.

HORST.

Ja, Siegmar, hier ist der Fels eben, auch sind Trümmern eines zerfallnen Altars darauf, wie du mir es sagtest.

SIEGMAR,

der noch nicht gesehen wird.

Ist das Thal unten breiter, als die andern Thäler?

HORST.

Viel breiter, Siegmar. Ha! dort unten also wirds völlig entschieden werden!

SIEGMAR.

Deinen Arm! Jüngling! und reiſs mich durch das Gebüsch herauf.

HORST.

Weiter zu deiner Linken hin, wo es weniger unwegsam ist, findest du die Felseneingänge, die wir fehlten.

SIEGMAR,

der jetzt herauf gekommen ist.

Mein Auge reicht so weit nicht mehr. Blick hinab, stürzt ein Quell in das Thal?

HORST.

Ein Schaumquell stürzt in der Kluft herab.

SIEGMAR.

Es ist das Thal, Horst! Nun, Wodan! und alle Götter! dort unten aus diesem Quell sollen sie mir das letzte Blut abwaschen! Römerblut, Jüngling, und meins! Hier ist die Opferstäte. Rufe nun den Druiden und den Barden, hier wollt ich sie herführen.

HORST.

Er ruft nach der Seite hin, wo er hergekommen ist.

Hauptleute aus Cheruskawald! wer den schroffen Abhang genau kennt! wer den Strauch am schnellsten haut! der haue durch, gerad aus durch! und führe die heiligen Priester und Sänger herauf! Hier! hier ist der Opferfels!

EINE ENTFERNTE STIMME.

Horst! sage Siegmarn: Drey Hauptleute gehn mit gehobner Axt!

SIEGMAR.

Sieh nach dem Ende des Thales hin. — Siehst du nirgends ein Cohortenbild? oder gar einen Adler?

HORST.

Fünf Reuter sprengen das Thal herauf! Die Weichlinge mit dem Küssen auf dem Rosse! Sie sehn sich überall ängstlich um. Einer fällt von einem Wurfspiefs aus dem Busch! nun noch Einer, noch Einer, Siegmar!

SIEGMAR.

Flog der Wurf von uns, oder von drüben her?

HORST.

Von drüben her.

SIEGMAR.

Die guten Katten! Das sind Katten drüben, Horst! Hast du einen Spiefs fehlen gesehn?

HORST.

Keiner fehlte.

SIEGMAR.

Nun wir Cherusker, meine ich, wollen auch nicht fehlen, wenn wir erst unten sind; meinst du nicht auch, Horst?

HORST.

Wie ichs meine, Cheruskafürst? Wurf! und Tod! so meine ichs. Ha, nur Varus kann diese Lanze suchen! Sie ist scharfgespitzt! Meine Barthild spitzte sie mir an dem röthlichen Hange des Sandberges, als sie mir nach meinem letzten Schlafe unsern Sohn mit den grofsen trotzigen Augen zum Abschiedskusse gebracht hatte. Aber ach nur Varus kann sie treffen! Denn Er, der uns diesen stolzen Urtheilsprecher mit Stab und Beil hersandte, hält es für sicherer, dafs er im Kapitol für seine Legionen opfert, als dafs er sie führt!

SIEGMAR.

Siehst du noch keine Lanze? Hörst du nichts von der Schlacht? Lege dein Ohr an den Felsen. Der Waffenklang der Sinkenden, und der Huf der Rosse schallt besser aus der Erde herauf.

HORST.

Ich höre dumpfes Geräusch; ich habe noch keine Schlacht in der Ferne gehört.

SIEGMAR.

Hörst du nicht etwas, das aus dem Geräusch hervortönt? Mein Sohn ruft sehr laut in der Schlacht!

HORST.

Ich höre Hermanns Stimme nicht.

SIEGMAR.

Die Römer halten irgendwo länger Stand als vorher; sonst würdest du die Schlacht lauter hören. Du weifst, dafs es unsre kühnste Jugend ist, die ich führe. Was sagten sie von der Schlacht, da du sie verliessest?

HORST.

Sie sagten: Siegmars Silberhaar glänzt heller, als der Mähnenbusch auf der Römer Helm! Aber vorn, vorn sollst du nicht seyn! Sie wollen vorn seyn, und sich nach deinem Blick umsehn, wenn ihr Arm die Mähnen in das Blut stürzt.

SIEGMAR.

Ihr lieben Cherusker, ihr seyd die Freude meines Herzens! Aber vorn soll euer Siegmar auch mit seyn!

HORST.

Das sollst du nicht, du theurer Alter! Wenn der Beyfall deines Auges die Jünglinge entflammt, darin ist mehr Römertod, als wenn dein Arm wirft.

SIEGMAR.

Enkel meiner Brüder! sprich nicht von der Schwere meines Arms! Sobald mein Auge den Blick gegen mir über sieht, so fehlt mein Arm das Herz gegen mir über nicht. Rächen soll an der Hand des unerbittlichen Todes diese Schlacht die Schlacht des Ariovist! Ich will ihre Blume brechen! Mein Hermann sogar soll mich neiden! Da, wo das Thal am breitesten ist, wo die Legionen, mit ihrer letzten Hofnung Seufzer, nach dem Wodan hinseufzen werden, der auf dem Kapitol die Donner hält, da, Jüngling, ändert die Schlacht durch mich ihre Gestalt! Tod war bisher auf beiden Seiten! dann ist auch diesen Beilträgern gerade gegen über Tod!

HORST.

Siegmar, ich lerne mit Ehrfurcht, wie man sterben muſs.

SIEGMAR.

Gut denn! Wenn ich dort unten die Adler in meines Sohnes Hand nicht sehe, so seh ich sie von oben her, aus der glänzenden Mondwolke, näher bey den Göttern!

HORST.

Ach, mein Vater, es dauchte mir, als ob du schon unter den Barden Walhalla's sängst! Ihr Götter, bey denen er so nah seyn will, erfüllt die Weissagung von seinem Tode nicht!

SIEGMAR.

Wenn ich herunterblicke, so schimmern mir Augustus Adler heller, und röther wird mir das Römerblut an der Lanze meines Sohns! Wodan! und alle Götter! habe ich geweissagt, so habe ich Sieg geweissagt! Mein Leben, oder mein Tod war keiner Weissagung werth!

HORST.

Ich will noch mehr von dir lernen, ehrwürdiger Greis. Hermann ist jetzt mitten in der Schlacht. Denkst du an seinen Tod?

SIEGMAR.

Ich mufs mich der Freude enthalten, an seinen Tod zu denken. Denn ich lebe nicht lange mehr, und so wäre ich bald wieder bey ihm! Fiele er jetzt, so siegten wir vielleicht nicht! Mit dem Träger des lezten Adlers, den wir nehmen, mag auch er fallen, aber eher, eher nicht! Von dort an, wo die Schlacht anfing, bis dicht an seinen Grabhügel, müssen alle Thäler einst von Gebeinen weifs seyn! Wenn Hermann umkommen soll; so falle er zulezt!

HORST.

Zu diesem Grabe, an dem die lezte weisse Legion liegt, will ich jeden Frühling meines Lebens hinziehn, es mit Blumen ohne Zahl bestreun, und des besten Barden besten Gesang mit allen meinen Freunden, die dich und einen solchen Sohn gekannt haben, unter der glänzenden Mondwolke singen!

SIEGMAR.

Jüngling! du weifst nicht, wie lieb du mir bist. Du labst einen alten guten Mann, Jüngling! Es war mir jetzt eben so, als da ich in der Schlacht des Ariovist, wie wir noch gegen den stolzen Cäsar zu siegen glaubten, mit dem Helm eines Römers, den ich hingestürzt hatte, aus einem kühlen Quell seitwärts blickend schöpfte. Denn ich suchte mir bey der süssen Labung das Herz eines der Fabier, den ich auch traf! Ha! wärs das Herz des Dictators gewesen! Aber dies Blut fliessen zu sehn, war dem erhabnen Manne vorbehalten, wie heifst doch sein Name? Das ist wahres Leiden des Alters, dafs man sogar solche Namen vergifst! Nenn ihn mir, diesen ehrenvollen Mann, der werth wär, ein Nachkomme Thuiskons zu seyn.

HORST.

Brutus!

SIEGMAR.

Du nanntest einen grofsen Namen, Jüngling!

HORST.

Edler, bester Mann! Siegmar! Jetzt nannte ich noch Einen grofsen Namen!

SIEGMAR.

Hörst du die Schlacht noch nicht näher?

HORST.

Mich deucht, dafs das Getöse lauter wird.

SIEGMAR.

Und was siehest du?

HORST.

Einzelne Flüchtlinge, die der Wurfspiefs hinstürzt.

SIEGMAR.

Sie wollen hier durch! Das sind keine Flüchtlinge, es sind Ausgeschickte, die untersuchen sollen, wo die Legionen nun hinkommen; aber sie bringen die Bothschaft dem Minos! Wie furchtbar wird euch die Urne des ernsten Gottes tönen, wenn ers euch nun sagen wird, dafs euer Krieg ein Krieg der Herrschsucht, und nicht der Gerechtigkeit ist.

HORST.

Aber ach! mein Vater, könnten die Legionen nicht auch zurück gehn? Welcher Schmerz für dich und deine Jünglinge unten im Walde!

SIEGMAR.

Zurück in das schmälere Thal, wo noch mehr Tod auf sie wartet? Sie wollen, und sie müssen vorwärts. Sorge nicht, Horst, nach uns her müssen sie! Hier unten an dem Felsen täuscht sie die Hofnung das leztemal! Hier breiten sie sich aus, und fechten mit allen ihren Kriegskünsten; allein verwünscht sey d. Wodan zum Opfer! Es wird Barden-Musik von ferne gehört.

HORST.

Die Druiden kommen.

SIEGMAR.

Nahm Hermann Barden mit sich?

HORST.

Wenige.

SIEGMAR.

Denn wir müssen auch hier die meisten haben; jetzt bald zum Opfergesang und zur Aufmuntrung meiner lieben Cherusker unten im Walde, die da fechten werden, wo die Schlacht am blutigsten seyn wird, und hernach für alle unsre Heere! Denn sobald sich die Legionen unten im Thal ausbreiten, tönt der Gesang hinunter in die Schlacht.

ZWEYTE SCENE.

GEWAFNETE OPFERKNABEN.

SIEGMAR.

Zu dem ältsten Knaben.

Wer ist dein Vater, mein Sohn?

DER KNABE.

Der Führer des Bardenchors, Werdomar. Bist du nicht der alte Siegmar, Hermanns Vater?

SIEGMAR.

Kennst du mich schon, Knabe?

DER KNABE.

Ach Hermanns Vater! Streit wie Wodan, Hermanns Vater! Zu den andern Opferknaben. Stellt euch zum Kriegstanze!

ZWEY BARDEN.

Der eine spielt, der andere singt. Die Knaben tanzen.

Trocknet die Wunden der Streitenden!
Sauget, Mütter und Weiber, das schöne Blut der Schlacht!
Flechtet, Mädchen, das heilige Laub des Eichenhains
Für die Schläfe des Siegers!

Die Bräute warteten auf ihn! nun ist er da der grofse Tag!
Windet, Bräute, nun Blumen zu Kränzen
Um euer fliegendes Haar!
Die blutigere Lanze der Geliebten verkündet den nahen Sieg!

BRENNO.

Ist diefs der Platz zum Opfer, Siegmar?

SIEGMAR.

Ja, und auch zum Kriegsgesang. Denn dort unten ist das Thal, von welchem ich mit dir sprach, und hier gingest du mitten durch meine Cherusker. Die lezte Nacht, Barden, da ihr näher bey den Römern wart, machten sie die Bardenburg, und ihr habt gewiſs daran gedacht, daſs ich euch sagte, sie müſsten heut an der blutigsten Stelle der Schlacht lang aushalten!

BRENNO.

Was sagst du, weiser Greis? werden wir in dieser furchtbaren Schlacht siegen, die nun schon über den dritten Mittag fortdauert?

SIEGMAR.

Wenn die Götter mit uns sind! und wenn unsre Söhne fechten!

BRENNO.

Es ist ein ernstvoller Tag!

SIEGMAR.

Mit dem Niedergange der Sonne ist es entschieden, oder ich kenne meinen Sohn Hermann nicht.

BRENNO.

Also heut noch Sieg, oder Sklaverey!

SIEGMAR.

Oder Tod! wolltest du sagen.

BRENNO.

Bringt bemoste Steine, und baut den Altar wieder auf. Einige Druiden gehen ab.

EIN DRUIDE.

Was willst du vor ein Opfer haben, Brenno?

BRENNO.

Wer hat unter euch den schärfsten Blick, und den schnellsten Pfeil?

EIN BARDE.

Sieh diesen an, wie er blinkt. Er überholt aber auch den Sturm aus dem hohen Nord.

BRENNO.

Einen Adler, schwarz, groſs, mit der Flamme im Blick. Der Barde geht.

SIEGMAR.

Zu Horst. Steig an dem Felsen hinab. Es ragt da ein Überhang hervor, von dem du weiter an dem Walde hinunter sehen kannst. Sobald du eine Cohorte erblickst, die nicht flieht, sondern in Schlachtordnung vorrückt, so komm wieder herauf. Horst geht.

BRENNO.

Zu Siegmarn. Ein Adler soll heut Wodans Opfer seyn.

SIEGMAR.

Hermann denk ich, legt auch Adler bey dem Altar nieder. Und vielleicht, dafs Wodan meinen Cheruskern und mir auch einen gewährt.

BRENNO.

Willst du denn auch in die Schlacht gehen?

SIEGMAR.

Du hättest mich fragen sollen, warum ich noch nicht darinn gewesen bin; und so hätte ich dir vielleicht geantwortet, vielleicht auch nicht!

BRENNO.

Ich seh, du hast dich und deine kühnen Jünglinge für die blutige Stunde der Entscheidung aufbehalten. Ehrwürdiger Greis, es ist genug, wenn du Befehl hinunter sendest.

SIEGMAR.

Der todesnahe Befehl, dem der Wurf der Lanze folgt, hat mehr Gehorsam.

BRENNO.

Trift denn dein Arm noch?

SIEGMAR.

Nah trift er.

BRENNO.

Aber wenn Hermann auch fällt, wer soll dann Führer unsrer Heere seyn?

SIEGMAR.

Wer Muth genug hat, Hermann zu gleichen. Denn ach! mein Sohn, — ich mag weder den Namen, den ich ihm gab, aussprechen, noch den sie ihm gaben, — er ist unter den Römern.

BRENNO.

Flavius meinst du?

SIEGMAR.

Warum sprachst du den Namen eines Verräthers an diesem grofsen Tage aus?

BRENNO.

Du mufst nicht in die Schlacht gehn, Siegmar.

SIEGMAR.

Und du nicht opfern, Brenno.

BRENNO.

Also bist du völlig entschlossen?

SIEGMAR.

Bey Wodan frag mich nicht mehr!

Die wiederkommenden Druiden fangen an, den Altar zu baun.

BRENNO.

Aber wenn du nun gefallen bist, und Hermann auch, was sollen dann wir thun?

SIEGMAR.

Fliehn.

BRENNO.

Stolzer Mann! streiten können wir nicht wie ihr, aber sterben können wir. Verwünschungen will ich den Römern mit meinen Barden von Wodans Altar entgegen singen, und sterben!

SIEGMAR.

Die Römer zucken ihre Schwerter auf Priester nicht.

BRENNO.

Wir haben auch Schwerter! Soll ich der erste Druide eines unterjochten Volkes seyn?

SIEGMAR.

Unterjocht nicht, denn sie können nur sehr kümmerlich siegen, wenn sie siegen. Und werden sie denn etwa siegen? Sterben sollen sie! Die Schlacht des Ariovist, und ihrer Beile Klang rufen ihnen laut den Tod zu!

BRENNO.

Du bist ein kühner Mann, Hermanns alter Vater! Ich neide dich, ehrenvoller Greis!

SIEGMAR.

Dank seys den Göttern, daſs mein Sohn noch kühner ist! Die Römer kannten diesen

Jüngling nicht: nun lernen sie ihn kennen; jetzt in diesem Augenblick, da ich von ihm rede, Brenno, lernen sie ihn immer mehr kennen!

BRENNO.

Und was willst du denn thun?

SIEGMAR.

Man sagt nicht, was man thun will, man thut!

BRENNO.

Du weiſst, wie ich dich ehre. Red' also mit mir davon.

SIEGMAR.

Du bist kein Krieger, ich kann mit dir davon nicht reden.

BRENNO.

Du führst, wer in Cheruskawald am kühnsten ist. Du willst sterben, ehrenvoller Mann!

SIEGMAR.

Wenn die Götter es wollen, so will ich es auch. Ich werde wie in meiner Jugend streiten, mich wagen, wie ehmals; nicht mehr, und nicht weniger!

BRENNO.

Aber du wirfst die Lanze nicht mehr wie vordem.

SIEGMAR.

Spielen denn die schnellen Jünglinge, meine Kriegsgefährten, mit ihren Lanzen?

BRENNO.

Ich seh, ich muſs einen bittern Abschied von dir nehmen, wenn du zur Schlacht hinunter gehst.

SIEGMAR.

Abschied auf einige Stunden, oder auf einige Jahre, das ist, deucht mich, fast einerley.

BRENNO.

Bringst du das Opfer schon?

DER BARDE.

Es war schön anzusehn, wie er hoch aus der Luft mit dem blutigen Pfeil herunter fiel: aber nun ist sein Flammenblick verloschen, mit dem er Römerleichen suchte.

BRENNO.

Fördert den Altar, Druiden!

SIEGMAR.

Reich mir den Adler, Barde. Er hält den Adler in die Höhe. Nun, Wodan, laſs die andern des Bluts der Säuglingsmörder trinken!

Ein Druide nimmt den Adler von Siegmarn, und legt ihn vor den Altar.

BRENNO.

Ihr Druiden! und ihr Barden! es ist heut ein feyerlicher Tag. — Ich bin alt geworden, und habe noch keinen solchen Tag erlebt! — Wir müssen heut mit mehr Ernst als jemals opfern. Wodan fliefst viel Römerblut, aber Jupitern auch deutsches.

EIN DRUIDE.

Brenno, der Altar ist gebaut!

BRENNO.

Breitet den Adler zum Opfer aus. Weihet die Flamme, und bringt sie in der grofsen Opferschale. Einige Druiden gehen ab. Opfert sehr ernstvoll, Druiden! und ihr, o Barden, überlafst euch heut eurer Begeistrung ganz! Unsre Väter und Brüder bluten! Eure Gesänge stärken des Streitenden Arm. Viel Blut der Eroberer müsse heut durch eure Gesänge fliessen! Die wiedergekommenen Druiden setzen die Schale mit dem Feuer vor dem Adler nieder. Auf beiden Seiten des Altars stehen die Druiden, und bey den Felseneingängen die Barden. Brenno tritt vor den Altar. Beginnt Chöre!

Indem die Musik der Instrumente gehört wird, heben zwey Druiden die Schale mit dem Feuer, und zwey andre den Adler auf: vor ihnen tanzen die Opferknaben. Sie und die andern Druiden gehen zweymal um den Altar, Brenno zuletzt. Sobald sie still stehn, wird der Adler in das Feuer geworfen.

DIE BARDEN.

ALLE.

O Wodan, der im nächtlichen Hain
Die weissen siegverkündenden Rosse lenkt,
Heb hoch mit den Wurzeln und den Wipfeln den tausendjährigen Eichenschild,
Erschüttr' ihn, dafs fürchterlich sein Klang dem Eroberer sey!

Ruf in des Wiederhalls Felsengebirg
Durch das Graun des nächtlichen Hains,
Dafs dem Streiter vom Tiberstrom
Es ertöne wie ein Donnersturm!

Wink deinen Adlern, die mehr als ein Bild
Auf einer hohen Lanze sind!
Flamm' ist ihr Blick, und dürstet nach Blut!
Sie verwandeln Leichen in weisses Gebein!

Die Räder an dem Kriegeswagen Wodans
Rauschen wie des Walds Ströme die Gebirg' herab!
Wie schallt der Rosse gehobener Huf!
Wie weht die fliegende Mähn' in dem Sturm!

Der Adler Heerzug schwebet voran,
Sie blicken herab auf die Legionen.
Wie schlägt ihr Fittig, wie tönt ihr Geschrey!
Laut fodert es Leichen von Wodan!

Wodan! unbeleidigt von uns,
Fielen sie bey deinen Altären uns an!
Wodan! unbeleidigt von uns,
Erhoben sie ihr Beil gegen dein freyes Volk!

Weit halle dein Schild! dein Schlachtruf töne,
Wie das Weltmeer an dem Felsengestade!
Furchtbar schwebe dein Adler, und schreye nach Blut! und trinke Blut!
Und die Thale des heiligen Hains decke weisses Gebein!

SIEGMAR.

Der Gesang hat mein Herz erquickt. Es ist seit langer Zeit der erste, den ich wieder in einer Römerschlacht höre. Denn in unsern Schlachten mit uns blutet mir mein Herz, und ich mag dann den Bardengesang nicht hören. Schneidet mir den Eichenzweig, ich will mein Haupt, heut das erstemal zu früh, mit dem heiligen Laube kränzen.

Ein Druide geht.

BRENNO.

Da die Barden mit Hermann in dem Lager der Römer gewesen waren, und hernach mit uns bey dem Opfermal, wo Hermann den grofsen Eid zu Mana schwur, da dichteten sie gegen die Römer ein heisses Vaterlandslied.

Ich habe das Rasen ihrer Hörner gehört, als sie es sich einander sangen.

SIEGMAR.

Singts, Barden!

WERDOMAR.

Wir müssen erst das heilige Laub um deine Schläfe sehn. *Er ruft es in den Wald.* Komm! komm! schneid eilend den Zweig! *Nachdem der wiedergekommne Druide den Kranz um Siegmars Haupt gewunden hat.* Siegmar, dein Silberhaar schmückt den heiligen Kranz.

SIEGMAR.

Mach mich in meinem Alter nicht stolz, Werdomar. Nun denn! ich will heut auch stolz seyn; denn Augustus soll es nicht seyn, wenn er von dieser Schlacht hört, aus der wir ihm der Boten nicht allzuviel schicken wollen. Aber wenn es denn der Kranz nicht thut, Werdomar, Blut würde doch das graue Haar des alten Mannes schmücken? Doch beginnt euer Lied, Barden.

ZWEY CHÖRE.

In Thuiskons Hainen gehöret ihr Wodan!
Er erkohr sich euch zum Opfer in dem Thal!
Wie Schlangen zischt in dem Opfer die Flamme nicht!
Doch raucht es im Thal! es raucht von Blut!

Todt gehöret ihr Jupiter!
Zehn tausend nehm' er seiner Donner,
Und send euch des Abgrunds Richtern,
Rhadamanthus und Minos zu!

DREY CHÖRE.

Göttinnen Diren, Alecto Furie!
Schwingt eure Fackeln hoch, wie sie ihr Beil!
Und treibt sie, Gespielen des Donners,
Vor des Abgrunds Richter.

Flammen stürzt aus der Urne Cocytus,
Der Hölle Strom!
Töne dumpf, o Strom, in den Richterausspruch
Der ernsten Götter!

ALLE.

Von hier, von hier, es rufet von hier
Der Mütter und Säuglinge Blut euch nach!
Und keiner entflieht dem Geschrey des Bluts,
Und keiner entflieht.

ZWEY CHÖRE.

Aber in der Stadt des hohen Kapitols
Leben der Tyrannen Brüder noch!
Wie ein Meer, braust ein zahllos Volk um die sieben
Hügel her,
Tyrannen des Aufgangs und des Niedergangs!

ZWEY BARDEN.

Die Druiden warfen der Lebenden Loos
Bey Mana's Altar!
Fluch war das Loos!
Sprecht, Barden, den Fluch der Lebenden aus!

ZWEY CHÖRE.

Entartet, Romulus Enkel, und gleicht
Bey dem Wollustmahle dem Thier!
Es entnerve den Arm, der die Lanze männlich warf!
Und früher ruf' es den Tod!

Bildet eure Götter euch immer gleicher, und feyert,
Also getäuscht, das taumelnde Fest!
Hinter dem Rebenstabe laure Verderben!
Verderben hinter der Myrthe!

Ein Hauptmann kommt.

DREY CHÖRE.

Kriecht um den hohen Augustus!
Macht ihn zum Gott, und weihet ihm Priester!
Räuchert auf dem Altar
Des hohen Augustus!

Kein Scipio werd euch gebohren!
Kein Gracchus gebohren!
Gebohren kein Cäsar!
Flucht Brutus Gebein!

ALLE.

Wir hören, hören die Barden Walhalla's,
Sie ruhn auf ehernen Stühlen mit heiligem Laube gekränzt,
Sie rauschen in den Harfen, und singen mit uns
Den Römern Verwünschungen zu!

SIEGMAR.

Wer bist du, Hauptmann?

DER HAUPTMANN.

Ein Katte. Zu Brenno. Unser Fürst sendet mich zu dir herauf, ich bringe dir seinen Dank, daſs du hier opferst, und hier singst. Wir haben die hohe Flamme gesehn, und den Gesang in den Felsen des Widerhalls gehört. Ihr habt unsre Jünglinge so entflammt, daſs sie aus dem Gebüsch heraus gestürzt wären, hätte unser Fürst sich nicht mit seinem ganzen Ansehn gegen sie gestellt. Ich ging mitten durch deine Cherusker, Siegmar. Sie schlagen an ihre Schilde, und rufen sich mit wüthender Freude laut zu; und doch stehn sie wie die Eiche eingewurzelt. Deine Hauptleute übertreffen heut sogar die unsern. Sie halten den heissen Durst nach der Schlacht besser aus.

SIEGMAR.

Du hast den Blutring noch, Hauptmann?

DER HAUPTMANN.

Es ist der fünfte! Meine Todten sind Römer.

SIEGMAR.

Liefs euer Fürst Kriegshaar zu unsrer Befreyung wachsen?

DER HAUPTMANN.

Du weifst, mit welchem Blick er schwieg, da Hermann bey Mana schwur. Sein Gesicht ist seitdem wie in einem Gewölk, und er wills nur über liegenden Adlern enthüllen.

SIEGMAR.

Ha, das wufst ich von dem Schweiger nicht, dafs ihm so viel Feindesblut fliefsen sollte. Weh den Cohorten auf eurer Seite! Höre, Hauptmann, sage deinen Jünglingen und meinen, dafs heut ein sehr festlicher Tag ist! Ihr sollt noch mehr Gesang hören! Und der Thaten, weissage ich euch, werdet ihr nicht weniger thun, und das, eh der heilige Mond aufgeht. Der Hauptmann geht ab. Singt meinen Jünglingen, Barden!

ZWEY BARDEN.

Hinter euch hält Thusnelda,
Mit dem Köcher der Jagd.
Jung, und leicht, und lichtbraun
Stampfen die Erde vor dem eisernen Wagen
die Rosse Thusnelda's.

ZWEY ANDRE.

Hinter euch hält Bercennis,
Mit ruhevollem Gesicht.
Ihr schützet, ihr schützet, Cherusker,
Hermanns Mutter und Weib!

EIN CHOR.

Gesang, verschweigs den kühnen Jünglingen nicht!
Froh werden sie hören die Götterbotschaft!
So schöpfet die labende Schattenquelle
Der Weidner, da er endlich in den Klüften
sie fand.

ALLE.

O Söhne der Alten, die Kriegesnarben
Tragen im hohen Cheruskawald!
O Jünglinge mit den Blumenschilden,
Die das heilige Loos erkohr, und Siegmar führt!

Ihr seyd es, ihr seyds, ihr werdet in breiterem Thal
Entgegen den Legionen gehn!
Werfen den schnellen Wurf, gerad' in das Antlitz
der Römer,
Die Schilde von Ertz vorbey!

Gerad' in das Herz, von Siegmar geführt,
Zu rächen die Frühlingstänze, zerstäubt durch Waffenklang,
Die Thräne der Braut, den hülferufenden Knaben,
Des Greises sterbenden Blick, geführt von Siegmar!

SIEGMAR.

Die Legionen säumen lange! Wenn ich nur erst euer Lied unten im Thal hörte! Dort, denke ich, soll es noch besser hinunter schallen, als es hier durch den dicken Wald den Cheruskern zuschallt.

WERDOMAR.

Der Wald hält das Rufen der Hörner nur wenig auf. Ich habe deinen Namen in der Kluft des Wiederhalls gehört.

SIEGMAR.

Nun, Barden, fahrt fort, und laſst die Namen der Tyrannen und unsre Namen in allen Felsen des Wiederhalls laut tönen. Ihr helft uns siegen, edle Jünglinge! Euer Gesang fliege den blutigen Flug der Lanze!

EIN HAUPTMANN.

Hermann schickt dir diesen Helm, Siegmar. Es ist des kühnen Eggius Helm. Er bittet dich, daſs du nicht eher mit deinen Jünglingen hervorbrechst, als bis die Legion bey dem grofsen Quell ist. Er hat auch zu den Katten und Marsen gesandt. Er hoft, ihre Fürsten werden, ehe die Legion bis zum Quell kömmt, nicht wenig in ihren Seiten gewütet haben. Er hat Einen von uns auf einen Felsen gestellt, von dem man in das ganze Thal hinab sehen kann. Sobald du angreifst, will auch er, durch einen neuen Angriff, den sechs Cohorten im Rücken der Legionen den Beystand wehren. Diese Cohorten sind lauter Veterane, und haben die wenigsten Todten. Hermann ruht jetzt und läfst die Wunden saugen.

SIEGMAR.

Ist Eggius todt?

DER HAUPTMANN.

Hermann hat auch seine Lanze.

SIEGMAR.

Das hab ich auch um meinen Sohn verdient, dafs er mir diese Erstlinge des Siegs zuschickt. Denn ich lieb ihn. Ha, Brenno, das ist reiche Beute, wie sie der Römer Jupiter bringt. Wodan soll auch reiche Beute haben, Brenno!

Er legt den Helm an den Altar.

DRITTE SCENE.

HORST.

Siegmar, sie kommen! Eine Cohorte rückt kühn vor. *Er und Hermanns Hauptmann geben sich die Hand.* Wie gehts uns?

DER HAUPTMANN.

Wie es kaum den Parthern gegangen ist!

SIEGMAR.

Zu dem Hauptmann.

Jüngling, ja beym Quell! geh! Nun so kommen sie denn endlich! — Kühn, sagtest du? Taumelts in ihren Seiten nicht?

HORST.

Ja, die Seiten schwanken, und der Helme sinken dort viele ins Blut: aber die Lebenden sehn nach den Todten nicht hin.

SIEGMAR.

Bald sollen sie noch mehr vorwärts sehn! Die erflehte Stund' ist gekommen, Wodan! Ha, Jüngling! Jüngling! du sangst mir ein Walhallalied! Sie kommen! Gehab dich wohl, mein alter Freund!

BRENNO.

So muſs ich denn den bitteren Abschied nehmen!

SIEGMAR.

Du scherzest alter Mann! Abschied? ein Greis von einem Greise? Laſs mir die Opferknaben. . Kommen noch mehr Cohorten, Horst?

HORST.

Noch eine kömmt sehr blutig und sehr langsam.

SIEGMAR.

Brenno! laſs mir die Opferknaben das Lanzenspiel tanzen. Ich muſs es noch einmal sehn. Es könnte ja wohl seyn, daſs ich es nicht wieder säh.

DER ÄLTSTE OPFERKNABE.

Es ist niemand hier, der die Lanzen werfen kann.

SIEGMAR.

Tanzt nur ohne Wurf.

Sie legen die Schilde und die Lanzen weg.

EIN BARDE.

Blinkt, Lanzen, ihr schreckt sie nicht!
Die Väter lächeln sie an, und schneller tanzen sie durch!
So seht ihr, o Väter, sie einst
Im ernsteren Reihn der Schlacht!

SIEGMAR.

Es ist genug. Brenno! sag meinem Sohn Hermann, daſs mich Wodan endlich auch der Schlacht gewürdigt hat.

BRENNO.

Ich soll es ihm sagen?

SIEGMAR.

Nun, vielleicht sage ich es ihm selbst. Kommen noch mehr Cohorten, Horst?

HORST.

Die beiden Cohorten halten, und richten Manipeln gegen den Wald.

SIEGMAR.

Siehst du den Adler schon?

HORST.

Ich seh ihn noch nicht.

SIEGMAR.

Brenno, du erlebst eine schöne Nacht!

BRENNO.

Erleb', erlebe sie auch, du Freund meiner Jugend und meines Alters! Ach Siegmar, etwas Trübes, eine Ahndung schwebt vor mir. Mich dünkt, ich werde dich nicht wiedersehn.

SIEGMAR.

Und mich ahndets, daſs du mich wiedersehn wirst.

BRENNO.

Wiedersehn denn, aber nicht lang! Wo willst du, daſs ich dich begrabe?

SIEGMAR.

Drey Grabstäten wären. .

BRENNO.

Warum siehst du deine Lanze mit diesem besondern Lächeln an?

SIEGMAR.

Weil sie blutig besser aussehn wird! und das bald! und weil ich mehr an Varus Tod denke, als an meinen. — Drey Grabstäten wären mir lieb. — Ich kann jetzt darunter nicht wählen. Entweder hier bey Wodans Altar, — oder da, wo ein Adler vor den Cheruskern sinken wird, — oder auf dem Felsen, wo mir Bercennis meinen Sohn Hermann gebohren hat.

BRENNO.

Wo gebahr sie dir den edlen Jüngling?

SIEGMAR.

Auf dem hohen Berge Cheruska's entspringt ein Bach. Der stürzt durch den Bergwald herunter. Der zweyte Fels des Thalwaldes, bey dem der Bach vorbeyflieſst, ist der Geburtsfels meines Sohns.

HORST.

Drey Cohorten rücken schneller vorwärts!

SIEGMAR.

Siehst du den Adler noch nicht?

HORST.

O Siegmar! Siegmar! eben seh ich ihn!

SIEGMAR.

Nun gehab dich wohl, mein alter Freund! Der Adler schwebt!

Sie geben sich die Hand.

BRENNO.

Nachdem Siegmar weg ist.

Ach mein Freund Siegmar! Nun ist er hingegangen. — Jetzt gilts Entscheidung. — Kommen die Katten schon aus dem Wald hervor?

EIN BARDE.

Sie ziehn sich, wie ein dicker Nebel, langsam in den Vorderbusch. Ihr kühner Fürst ist vorn. Ich seh ihn rufen!

BRENNO.

Blutig, blutig wirds entschieden werden! Kedmon, in der Bardenburg bist du näher bey den Legionen. Geh hinab, o bring mir oft Bothschaft, wie Wodan die Schlacht lenkt. Kedmon geht. Barden, tretet mehr seitwerts, dicht an den Rand des Felsen, daſs der Kriegsgesang lauter ins Thal schalle. Wartet noch: bekränzt euch mit dem heiligen Laube, eh ihr anfangt. Unsre Krieger unten sollen euch bekränzt sehn, wenn sie herauf sehn. Geht Druiden, schneidet ihnen den Zweig. Mein Herz schlägt mir laut vor Freuden, Druiden! Einen Tag, wie dieser ist, erlebt man nur Einmal! Aber ach mein alter Freund, Siegmar! Ich hört' ihn oft von der Schlacht des Ariovist erzählen. Er konnte das Blut der Jünglinge nicht vergessen, mit denen er das Lanzenspiel getanzt hatte. Ihr habts gehört, mit welcher Rache er es rächen will. *Die Barden und Druiden kommen nach und nach zurück.* Ach wenn er nur nicht auch von dieser Schlacht heut in Walhalla erzählt! Nun, ich höre ihn ja bald wieder erzählen! So ist es recht, so ganz vor an den Rand des Felsen. Von daher rufen eure Hörner lauter ins Thal. O Schlacht, Schlacht! blutige schöne Todesschlacht! wie ungestüm klopft mein Herz nach dir hin! Singt, Barden!

DIE BARDEN.

Sie bekränzen sich, indem der Gesang anfängt.

ZWEY CHÖRE.

Mit leichten blutigen Spielen begann die Schlacht.
Wenig einsame Wolken zogen herauf,

Bis auf Einmal der ganze Himmel
Bedeckt ward von dem Wetter.

Da stürzte von allen Seiten herab sein Donner!
Und stürzt! Euch wurde kein Ahndungsblick
In diese Zukunft!
Wie hat euch des Stolzes Taumel getäuscht!

EIN CHOR.

Ihr schlummertet auf dem Lager der Blumen,
Die wir euch streuten.
Wir streuten sie hin! bey jeder wütete heisser in uns
Die Flamme des gerechten Zorns!

EIN ANDRES CHOR.

Nun verkennet ihr endlich nicht mehr
Thuiskons kühnes Volk!
Sie wütet, sie wütet nun auch an der Spitze der Lanze
Die Flamme des gerechten Zorns!

DIE BEIDEN CHÖRE.

Laſst Bothschaft leben, ihr Fürsten!
Daſs laut es erschall im Kapitol,
Wie über dem furchtbaren Rhein in den heiligen Wäldern
Wüte die Flamme des gerechten Zorns.

ZWEY BARDEN.

Ihr Töchter der Fürsten, brecht Zweige zu dem Fest
Im innersten Schatten des Hains!

Nun führen sie euch mit der goldenen Fessel nicht
Vor dem Wagen des Triumphs!

EINER.

Tochter Siegmars, trit du voran!
Trit, Hermanns Weib, Thusnelda, voran!
Nun führen sie dich mit der goldenen Fessel nicht
Vor dem Wagen des Triumphs!

ALLE.

Dumpf tönt durch das Graun der Nacht daher der Wagen des Todes!
Vor ihm geht Varus! Der Wagen rasselt
Walhalla vorbey, kracht hinab
Zu dem Strom Cocytus!

BRENNO.

Wo säumt Kedmon? Sieht keiner von euch dort, die am Abhange stehn, wie sich die Schlacht wendet?

ZWEY BARDEN.

Fast zugleich. Überall blutig! Blut überall! nichts entschieden!

BRENNO.

Warne sie, Werdomar!

ZWEY CHÖRE.

Stolz auf Feldherrnweisheit,
Rufet der heilige Bardengesang euch zu:
Haltet es nicht Sieg,
Daſs ringsumher sie Wasser und Wald, und ihr sie einschlieſst!

So lange noch eine der Legionen
Mit ausgebreiteten Armen hertrit,
Oder blutig schwankt,
So streite dort das Hundert, das Heer,

Wie mit den ersten Waffen der Jüngling,
Schnell, mit gehaltnem Ungestüm,
Mit wählendem Blick, und gemeſsnem Sprung,
Kalt und kühn, des heiligen Laubes werth!

DREY CHÖRE.

Es schwebe vor euch der Tag der Schmach,
Und des weiseren Siegmars Thräne,
Da, den ihr liebtet und verfluchtet,
Drusus euch entrann!

In tieferem Thal, und vor jedem Tritt umringt,
Stand des Römers schweigendes Heer.
Mit Stolz, der verachtete,
Spieltet ihr gegen ihn hin; er schlug! und entrann!

Er hat Denkmale der Schmach gebaut,
Die vom fernen Gebirge der Wanderer Galliens sieht.
Am Zusammenfluſs der Ströme steht Aliso
Gleich der Eiche! die andern, wie Tannen, am Rhein' hinab.

ALLE.

Dann erst habt ihr gesiegt,
Wenn langgestreckt und stumm in dem Thale liegt

Roms Heer, der Riese! mit keiner Cohorte mehr zuckt!
Und den Mond verdunkelt in Fliehn sein Schatten!

BRENNO.

Noch immer kommt Kedmon nicht! Werdomar, sing nun dem Heere von den Thaten seiner Väter.

EIN CHOR.

Höret Thaten der vorigen Zeit!
Zwar braucht ihr, euch zu entflammen, die Thaten der vorigen Zeit nicht;
Doch tönen sie eurem horchendem Ohr,
Wie der Jägerinn Geschrey, die triefen das Blut des Wildes sieht.

ZWEY CHÖRE.

Von Römerrossen bebte die Erde!
Funfzig waren der kommenden Hunderte!
Wir waren acht der Hunderte nur,
Und hörten ihn wohl den dumpfen Todeston!

Lauter wie der Schlag des Hufs
Ward auf Einmal unser Kriegsgeschrey!
Wir flogen daher
Gegen die Tausende!

Wie weheten die Mähnen! wie wölkte sich der Staub!
Wie schäumten die kleinen Heerden des Felsenwalds!

Über dem Strome wieherten die andern, und
weideten
An des Ufers Schilfgeräusch.

Noch wurde kein Römerrücken gesehn!
Noch sprengten sie hoch gegen uns her!
Zum Tode trafen die fliegenden Lanzen.
Auch Deutsche sanken blutend ins Gefild!

DREY CHÖRE.

Da sprangen wir herab von den Rossen!
So stürzt aus der Höh sich der Geier herab!
Auf Einmal wüteten wir unter ihnen!
Von schwarzem Blut trof ihr sinkend Roſs.

Die stolzen Turmen flohn!
Nach uns her flatterten die Mähnen!
Nach uns her wölkte sich der Staub
Der stolzen Turmen!

Schon hatten wir auf die Heerden des Felsenwalds
Uns wieder geschwungen!
Wir trieben die Geschreckten vor uns her,
Auf langen Gefilden, durch Bach und Strauch vor
uns her,

Bis dicht an die Lanzen der Legionen,
Bis hin, wo der Adler Flügel schatteten,
Nah hin vor den verwunderten finstern Blick
Des stolzesten unter Romulus Söhnen!

EIN BARDE.

Er ruft. Wir helfen siegen! Ich seh es! ich seh's!

EIN ANDERER BARDE.

Bey Wodan, und Braga, das thun wir!

EIN CHOR.

Höret Thaten der vorigen Zeit!
Zwar braucht ihr, euch zu entflammen, die Thaten der vorigen Zeit nicht,
Doch tönen sie eurem horchendem Ohr,
Wie das Säuseln im Laube, wenn die Mondennacht glänzt.

ZWEY CHÖRE.

Mit dem Frühlingssturm schwamm über den Rhein,
Der Deutschen Heer!
Der Jüngling auf dem Roſs, und ohne Roſs, der Greis im Kahn,
Nach des Stromes hohem Ufer hin!

Die fliehende Legion
War uns nicht schnell genug!
Wir kamen dicht an ihren Rücken heran,
Und zerstreuten und tödteten sie!

Er hatte des Windes Eil
Der Adlerträger!

Doch der Lanzen Eine stürzt' ihn hin, und der Adler schwebte
Unter dem schimmernden Flügel des Nachtgefährten!

Rofs und Mann sendete Roms Feldherr
Gegen uns her. Es waren der hohen Turmen viel!
In dem ganzen Lager wieherte kein Rofs,
Als nur das Lasten trug.

Still war der Hinterhalt,
Wie es unter den Espen der Gräber ist.
So war nicht, das Kriegsgeschrey,
Da von allen Seiten das Heer auf die Turmen fiel!

Wir rötheten weit umher den Sand!
Wenige nur entrannen in des Feldherrn Lager!
Schnell sahn wir das Lager vor uns, doch schreckt' es uns nicht!
Der Feldherr entfloh mit den Legionen!

EIN CHOR.

Höret Thaten der vorigen Zeit!
Zwar braucht ihr, euch zu entflammen, diese Thaten nicht,
Doch tönen sie eurem horchendem Ohr,
Wie die Stimme der Braut, wenn sie Blumen euch bringt.

ALLE.

Der Donnerer des Kapitols,
Legt' in dem Gefilde Pharsalia,

Auf seine furchtbare Wage
Cäsars Schicksal, und Pompejus Schicksal, und wog.

DREY CHÖRE.

Die Ritter Pompejus und des Senats safsen im hohen Zelt,
In dem durch Epheu die Kühlung, und durch Myrthen wehte!
Sie safsen, und siegten, und tranken aus Golde
Falernergift!

Da rufte die Trompete zu der Schlacht!
Die Ritter schwangen sich schnell auf die brausenden Rosse,
Und zogen sich dicht, an den linken Arm der Legionen,
Gleich einem finstern Walde.

Da suchte der fliegende Blick
Des künftigen Dictators
Die Blumenschild' in dem Heer,
Die leichten Lanzen in dem Heer.

Wir folgten mit freudigem Tanz ihm nach,
Denn wir sahens, er dachte grofs von uns!
Ihm nach, mit lautem freudigem Tanz, sechs deutsche Cohorten!
Denn gegen die Edelsten Roms stellt' er uns hin!

Die Ritter kamen, und Pharsalia scholl!
Wir stürzten in den Wald hinein!

Kein Schonen war! kein Schonen war!
Sie starben! oder entflohn in das ferne Gebirg!

ALLE.

Der Donnerer des Kapitols
Legt' in dem Gefilde Pharsalia
Auf seine furchtbare Wage
Cäsars Schicksal, und Pompejus Schicksal, und wog.

Die Söhne Romulus stritten, und gleich schwebten die Schalen.
Da eilten die Söhne Thuiskons herzu,
Da sank, mit schnellem Übergewicht,
Die Schale Cäsars!

VIERTE SCENE.

SEGEST.

Erhabner Priester Wodans! ich habe geglaubt zu einem Opfer zu kommen, denn der Sieg hat sich nun zu den Römern gewandt.

BRENNO.

Ist Siegmar noch unter den Jünglingen, die er den Römern entgegen führte?

SEGEST.

Er ist darunter, aber es schien gleichwohl, als ob sie sich zurück ziehn wollten.

BRENNO.

Sie scheinen sich zurück zu ziehn, — um mit mehr Tode umzukehren; meinst du doch? Warum willst du bey dem Opfer seyn, Segest? und es nicht lieber von unten her aus der Schlacht sehn?

SEGEST.

Ich nahm nicht viel Antheil an der Schlacht. Das Loos hat meine kühnsten Jünglinge Siegmarn zugeführt. Ich fürchte, daſs es ein Todesloos gewesen ist.

BRENNO.

Sind denn deiner Hunderte so wenig?

SEGEST.

Das sind sie nicht, aber es sind zu viel Alte darunter.

BRENNO.

Ich kenne unsre benarbten Alten. Sie lieben die Schlacht! Und du.. Heut liebst du sie nicht.

SEGEST.

Die Klugheit gebot mir, mich nicht weit vom Gebüsch zu entfernen.

BRENNO.

Segest! gehört dein Herz deinem Vaterlande ganz zu?

SEGEST.

Vielleicht ist mehr Vaterlandsliebe darinn, als du glaubst, wenn ich immer gewünscht habe, daſs wir Bundsgenossen der zu mächtigen Römer seyn möchten.

BRENNO.

Bundsgenossen? Einen alten Mann, und Wodans Priester unternimmst du durch Worte zu täuschen? Weichheit ist in diesem Wunsch, und zu heisse Lebensliebe.

SEGEST.

Ja, alt bist du, und denkst wie unsre jungen Fürsten!

BRENNO.

Unglück über mich, wenn ich nicht wie unser ganzes Volk, Jugend und Alter, dächte!

SEGEST.

Wenn du so fortfährst, so hab ich nicht viel mehr mit dir zu reden.

BRENNO.

So habe denn wenig mit mir zu reden.

KEDMON.

Die Götter sind mit uns. Die Römer arbeiten vergebens, vorzudringen!

BRENNO.

Geh zurück.

SEGEST.

Aber, o Brenno, wenn du die Römer kennen lernen wolltest, wie ich sie kenne, so würdest du die Sicherheit des Friedens dem ungewissen Kriege vorziehn.

BRENNO.

Dein ganzes Volk will Freyheit! und du willst Sklaverey! Lafs mich keine harte Worte gegen dich aussprechen.

SEGEST.

Was wütest du denn? Ich liefs mich ja überreden, und nahm Antheil an dem Kriege

BRENNO.

Ein Fürst, und hast nicht selbst überredet! Doch, es war keiner da, der defs bedurfte. Warum bist du nicht in der Schlacht? und zwar jezt, da sich der Sieg wendet, wie du glaubst? Ich seh es, du traust keiner der Antworten, die du mir geben möchtest. Ich will meine Frage noch kürzer, und dir die Antwort entweder leichter, oder schwerer machen. Bist du ein Verräther, Segest?

SEGEST

Wie kannst du jezt so heftig seyn, da du sonst so gesetzt bist?

BRENNO.

Kann ich bleiben, wer ich bin? da ich einen Fürsten der Cherusker vor mir sehe, der zur Zeit der Entscheidung nicht in der Schlacht ist! und in dessen Herzen es vielleicht von dem Entschlusse zu den Römern überzugehn eben jezt, jezt hier vor mir, kocht und schäumt! Geh über, und thu' es gleich, damit wir ganz, und bald wissen, was du uns bist.

SEGEST.

Du nennest mich einen Verräther; betrugen sich denn etwa die andern Fürsten weniger schmeichelhaft gegen die Römer als ich? Durft ich sie denn nicht mit einschläfern helfen?

BRENNO.

Hilf ihnen auch das Blut dieser Tyrannen vergiessen, und ich will dir mit Reu gestehn, daſs ich ein ungerechter Beschuldiger bin.

SEGEST.

Wie kannst du den einen Tyrannen nennen, welcher seine Freunde belohnt, und die es nicht seyn wollen, mit Weisheit und sanfter Strenge beherscht.

BRENNO.

Ist hier kein Hauptmann, durch den ich seine alten Cherusker bey den Wunden ihrer Söhne anflehen kann, dafs sie den benarbtesten unter ihnen zum Führer machen, und sich in die Legionen stürzen?

SEGEST.

Du bist sehr kühn, Druide.

BRENNO.

Und du sehr zaghaft, Fürst, wenn du kein Verräther bist! Bleib, ich bin besänftigt.

SEGEST.

Warum bist du auf einmal besänftigt?

BRENNO.

Beantworte mir meine Frage erst, so will ich dir deine auch beantworten. Wenn ich dir denn zugestehen soll, dafs du defswegen nicht in der Schlacht bist, weil du zu viele Alte unter deinen Hunderten hast, warum kamst du gleichwol hierher, da du weist, dafs wir an Einem Tage nur sehr selten zweymal opfern?

SEGEST.

Konnte ich denn nicht an einem solchen Tage, wie der heutige ist, das seltne Opfer vermuthen?

BRENNO.

Warte, ich habe dich noch mehr zu fragen. Bist du nicht gekommen, um zu sehn, ob hier noch Hinterhalte sind? Du fandest keine. So geh denn, und geneuſs deiner Hofnung, bald wieder vor Varus zu kriechen! Ich verlange keine Antwort von dir! Und nun will ich dir auf deine Frage Antwort geben. Ich ward auf einmal besänftiget, weil ich dich verachtete! Barden! dieser Verräther hat uns zu lang gehindert, den Sieg zu beschleunigen!

SEGEST.

Im Weggehen.

Spätes Blut ist auch Blut.

BRENNO.

Was sagte er?

EIN BARDE.

Er sprach von Blute.

BRENNO.

Er hat dafür gesorgt, daſs seins nicht fliessen kann. Laſst ihn den fürchterlichen Klang unsrer Lieder hören. Sie helfen seiner Freunde Blut vergiessen.

ZWEY BARDEN.

Sie erkühnten sich, und legten sie an
Die friedeliebende Toga,
In der Deutschen Hainen,
Die friedeliebende Toga!

Sie floſs auf unsre Flur, und wallt' empor
Vom rauheren West!
Doch wehet' er ihnen den Waffenklang
Aus der Haine Schatten nicht zu.

EIN CHOR.

Ha! stolzes Beil, wir hörten deinen Klang,
Wenn dich mit den Stäben der Lictor niederwarf!
Du fodertest, stolzes Beil,
Zu Todestönen die Lanzen auf!

Sie tönen die Lanzen, tönen nun die Todestöne,
Im Thale der ernsten Schlacht!
Schon lange blinken die Lanzen nicht mehr,
Sie bluten.

Hell, wie der bildende Bach,
Wenn er über den grünlichen Kiesel herabfällt,
Blinken die Beile des Prätors,
Und bluten nicht mehr!

ZWEY CHÖRE.

Ihr muſstet sie nehmen, sie nehmen
Der Väter Bilder.
Das Auge der Väter sieht nun traurend nieder
Auf eure Leichen.

ZWEY ANDRE CHÖRE.

Ihr mufstet sie nehmen, sie nehmen
Die hohen Adler!
Jetzo schweben sie langsam fort
Über euren Leichen.

ALLE.

Viel anders breiten den Flug um der Eiche Wipfel
Die Adler Wodans!
Ihr Auge blicket glühend herab
Auf das Blut, das im Thale raucht!

Ihr schattender Flügel schlägt, ihr durstendes Geschrey ertönt,
In dem Felsenhain.
Weit hallen die Klüfte des Wiederhalls,
Von des Fluges Schlag, und dem Todesgeschrey!

Horcht herauf, ihr Fürsten!
Die Adler singen den Rachegesang!
Um der Eiche Wipfel, an den Klüften des Hains,
Den lauten, schrecklichen Rachegesang!

FÜNFTE SCENE.

THUSNELDA mit zwey Hauptleuten.

Verzeih, Brenno, dafs ich zum Altar komme, da nicht geopfert wird. Ein gefangner Römer hat uns mit der Nachricht geschreckt, dafs Hermann verwundet sey. Der Ruf breitet sich immer weiter aus. Ich will von mir nicht reden; aber wenn ihn nun die Cherusker hörten, die Siegmar zur Schlacht hinunter geführt hat!

BRENNO.

Todesrache, Thusnelda, wie die wegen Hermann wäre, machte ihnen den eisernen Arm schwerer, stärker! die Lanze blutiger!

THUSNELDA.

Ach Brenno, Brenno! ist er denn wirklich verwundet?

BRENNO.

Wenn wurde der Gefangne gebracht?

THUSNELDA.

Eben jezt. Ich komme aus der nahen Bardenburg.

BRENNO.

Es ist nicht lang her, da Hermann zu Siegmar sandte. Der Hauptmann sprach von der Schlacht mit Siegmar.

THUSNELDA.

Also ist er nicht verwundet?

BRENNO.

Der Hauptmann sprach nur von der Schlacht. Du weifst, dafs Hermann und unsre Hauptleute von der Wunde nicht reden, die nur blutet, und die ihnen ihre Stärke läſst.

THUSNELDA.

Ich kenne dieſs fürchterliche Aushalten. Wie oft wurde es tödtlich! Ach Brenno, du verschweigst mir doch nichts?

BRENNO.

Ich habe gesagt, was ich weiſs. Aber warum glaubt ihr denn diesem Römer? Entweder kennt er Hermann nicht, oder er will uns zaghaft machen. Hermann ist in nicht kleiner Gefahr, allein das ist er, seitdem er bey Mana schwur. Und damals zittertest du ja nicht. Ich erinnre michs sehr wohl, wie du in seine Arme liefst, die vom Schwur herunter sanken.

THUSNELDA.

Und ich erinnre mich, wie die denken müsse, die Hermann gewählt hat! Sein Schicksal sey Wodan überlassen!

EIN BARDE.

Ich seh einen römischen Priester durch die Felsspalten heraufsteigen.

BRENNO.

Du trifst sehr sicher, Werdomar. Nimm deine schnellste Lanze. Wenn der Priester still steht, und herauf sieht und dann umkehrt, so tödt ihn.

WERDOMAR.

Nach einigem Stillschweigen.

Jezt scheint er mich zu sehn. Er arbeitet seitdem noch lebhafter durch das Gesträuch, um herauf zu kommen.

THUSNELDA.

Schreckt ihn deine Lanze nicht?

WERDOMAR.

So nachlässig wie ich sie halte, kann sie ihn nicht schrecken. Er hat kein Römergesicht.

SECHSTE SCENE.

SIEGMUND.

Indem er heraufsteigt.

Brenno! Brenno! ich überlasse mich. .

THUSNELDA.

Ach, mein Bruder Siegmund!

SIEGMUND.

Du bist hier, Thusnelda! Sey denn auch du Zeuginn, meine Schwester! Brenno! ich überlasse mich dir ganz! Tödte mich auch ohne Loos, aber erst nach der Schlacht. Die wenige Zeit, die sie noch dauren kann, will auch ich fechten! Habt ihr keine Waffen hier? Endlich, endlich haben mich die Götter hierher gebracht. Ich entschloſs mich schon damals, als ich Hermanns Schaaren und ihn das erstemal aus dem Walde hervorkommen sah.

BRENNO.

Welche Götter, Jüngling? der Römer? oder der Deutschen?

SIEGMUND.

Unsre Götter hab ich angefleht, und sie haben mir geholfen. Auf welcher Seite ist die Bardenburg? Dort werd ich Waffen finden.

Er reiſst die Stirnbinde ab, und wirft sie hin.

BRENNO.

Bleib!

SIEGMUND.

Ach Brenno! würdigst du meinen Arm keiner deutschen Lanze? Das ist hart. Das verdien ich nun nicht mehr. Ich will ja nach der Schlacht sterben, wenn sie mich leben läſst. Wenn ich ein Schwert hätte, so schwür ich euch laut bey dem Schwert, daſs ich nach der Schlacht um die Loose nicht bitten will.

BRENNO.

Da du Augustus Priester wurdest, schwurst du ihm da bey dem Schwert? oder bey dem Donnerkeil in des Adlers Klaun? Bleib!

SIEGMUND.

Peinige mich armen Jüngling nicht so. Ich bin ohne das elend genug. Ach! ich bin umsonst wiedergekommen, wenn ich nicht in die Schlacht gehn darf.

THUSNELDA.

Ach, versag ihm dein Mitleid nicht länger, Brenno! Er ist ja wiedergekommen.

BRENNO.

Wir haben sehr warnungsvolle Beyspiele, Thusnelda! Ich führe nur Eins an. Deines Hermanns Bruder, Flavius, ficht jezt unter den Römern, wenn anders Wodans Rache den Verräther bis heut leben lieſs.

SIEGMUND.

Er reiſst einem Barden das Schwert von der Seite, und hälts in die Höh.

Ich schwör es euch allen: Gleich nach der Schlacht, will ich ohne Looswurf sterben.

Er giebt das Schwert zurück. Ohne deinen Willen, Brenno! will ich keine Waffen haben.

BRENNO.

Ich will dir denn traun, und den Siegern sagen, wenn sie aus der Schlacht kommen, daſs ich dich für redlich halte. Dies wird dir bey ihnen für Thaten gelten, deren ohne das wenige zu thun übrig sind.

SIEGMUND.

Ich halte den Anblick der Sieger nicht aus, wenn ich nicht mit ihnen aus der Schlacht komme. Tödte mich jezt hier.

THUSNELDA.

Nimm ihn an, Brenno! Er ist nur in der Irre gewesen, ich hab ihn edel gekannt.

BRENNO.

Flavius, Flavius! und –. Du kennst die Menschen noch nicht, Thusnelda! Ich bin ein Greis geworden, ehe ich sie habe kennen gelernt. Die Menschen drüben über den Eisgebirgen meine ich: auch die meine ich, die unter ihnen ihre deutsche Stammart ausrotteten. Ha, Jüngling, ist dir noch Muth zu sterben übrig geblieben? Führt ihn hinunter an den Bach, weit von dem Auge seiner Schwester weg, und tödtet ihn!

SIEGMUND.

Trit heraus aus dem Haufen, mein Freund, der mich tödten will, daſs ich dich umarme!

BRENNO.

Gieb ihm Waffen! gieb ihm Waffen, Thusnelda! Such ihm die besten Waffen aus, Thusnelda! Er ist unschuldig! Siegmund! Siegmund umfaſst Brenno's Knie. steh auf, mein Sohn! Ich will dich mit deinen deutschen Waffen sehn, Thusnelda's Bruder! Komm hierher zurück. Du kannst von hier, die Felsen hinunter, in die Schlacht gehn! Waffen, wie sie Siegmar und Hermann tragen, sind schön. Ich will dich damit sehen. Gebt ihm den Blumenschild! Windet ihm den Eichenkranz um! Er hätte schon Thaten gethan, wenn er sich früher hätte losreissen können. Thusnelda und Siegmund gehen ab. Ich erschrecke noch davor, Druiden! Bald hätte ich diesen reuvollen Jüngling verurtheilt, sein Volk und sich nicht an den Römern zu rächen. Saht ihr seinen Blick, mit welchem er nach dem umher suchte, der ihn tödten sollte? Sein Todesentschluſs war fest! Und wir haben dieser Jünglinge mehr! Wie ist euch dabey, meine Freunde? Mir wallt mein Herz dem nahen Siege mit Ungestüm entgegen. Wenn nur der alte ehrenvolle Siegmar nicht stirbt. O du Freund meiner Jugend! möchtest du das frohe Siegsgeschrey deines Volks erleben!

KEDMON.

Die Römer dringen nicht vor, aber sie weichen auch nicht. Siegmar ist immer dicht bey dem Tode.

BRENNO.

Nun, ich hab ihn Wodan überlassen! Geh zurück. Komm, komm, mein lieber Siegmund, den ich verkannt habe! Hat dir Thusnelda diesen Schild gewählt? Laſs mich ihn sehn. Er nimmt den Schild. Warum schattets nicht auf deine Stirn? Bringt mir einen Kranz des heiligen Laubes. Diese Blumen hier sinken vor der Sichel. Ja, so sollen deine Feinde sinken!

SIEGMUND.

Ach, mein Vater Brenno, ich bin des Kranzes noch nicht werth, und ich muſs eilen!

WERDOMAR.

Kranz und Lied gehören dir jezt schon.

BRENNO.

Was sucht dein Auge so ungeduldig?

SIEGMUND.

Ich suche den kürzesten Weg hinunter.

Ein Druide bringt einen Eichenkranz.

BRENNO.

Trit näher zum Altar. Du weisst nicht, wie sehr du mir in den Waffen deines Vaterlands gefällst! Aber dein Haar fliegt!

SIEGMUND.

Ich muſste eilen. Es mag fliegen. Es ist mir genug, daſs ich den Schild und die Lanze meines Vaterlands habe.

BRENNO.

Trit ganz dicht an den Altar, Siegmund! Hier hat vor kurzem ein weissagendes Opfer geflammt, ein Adler! und hier winde ich dir den Kranz der Sieger um. Verdiene ihn nicht zu sehr. Du muſst nun auch wiederkommen, Siegmund!

SIEGMUND.

Mein ganzes Herz dankt dir, mein Vater Brenno! Ach, wie wird mir nun der Gesang von dem Altar herunter tönen! Er geht.

BRENNO.

Euer Gesang begleit ihn hinunter, Barden!

EIN CHOR.

Wir kühnes Volk, wir haben Jünglinge
  Mit leichten Blumenschilden und schönen Wunden,
    Die lieber sterben, als leben,
      Wenns gilt für die Freyheit!

EIN ANDRES CHOR.

Wir kühnes Volk, wir haben Männer und Greise,
  Mit grofsen, schönen Narben der Schlacht,
    Die lieber sterben, als leben,
      Wenns gilt für die Freyheit!

ZWEY CHÖRE.

Der Eroberer Kette tönte laut!
  Viel lauter tönet nun der Waffenklang
    Der siegenden Deutschen!
      Und der fallenden Römer!

Ruf ferner Fels des dunkeln Hains,
  Den lauteren Waffenklang!
    Wie leise, wie leise klirret sie jezt
      Die Kette der Eroberer!

ZWEY BARDEN.

Die Cohorten schwenken sich kühn,
  Beweglich in ihren Centurien,
    Wie auf der Harfe des Siegsgesangs
      Des Barden eilende Hand.

DREY CHÖRE.

Und dennoch wanken die Bilder der Fabier
Mit der hohen Lanze!
Nacht wirds um das Auge des Trägers, er taumelt hin,
Und die Fabier mit ihm!

ALLE.

Wohin, wohin entflogen die Adler,
Der Legionen Stolz?
Umsonst verbergt ihr euch in den Wasserstrauch,
Ihr müsset dennoch herauf zu Wodans Altar!

Wohin, wohin entflogen die Götter,
Die sie inniger ehren, wie des Olymps Donnerer?
Verbergt euch! dennoch müſst ihr herauf, und schwer von des Deutschen Pfeil
Bluten, und flattern, und sterben an Wodans Altar!

KEDMON.

Brenno, Brenno! Siegmar ist von einer Lanzenwunde hingestürzt. Kaum konnten sie ihn aus der Schlacht führen.

BRENNO.

O Wodan! Mein Freund Siegmar! Wo haben sie ihn hingeführt?

KEDMON.

Zum Bache. Sie kühlen ihm die Wunde.

BRENNO.

Wichen die Jünglinge?

KEDMON.

Sie wichen, aber der junge Bojorich liefs sich schnell hervortragen. Kaum sahn ihn die nächsten Hunderte oben auf dem Schilde stehn, als sie ihm gleich zuriefen: Wodan mit dir, Bojorich! Er sprang schnell herab, und eilte mit dem schreckenvollen Blicke seiner grofsen Augen vorwärts. Aber nicht lang, o Brenno! ich sah den kalten Römer zielen, nicht lange so stürzt' er in sein Blut, wie die junge schlanke Eiche der Donnersturm bricht. Ich kann nicht sagen, dafs die Jünglinge wichen, aber sie stutzten, und der Lanzen flogen weniger.

BRENNO.

Wurde keiner wieder hervorgetragen?

KEDMON.

Sie trugen keinen hervor, aber die Hauptleute ruften sehr laut.

BRENNO.

Es ist ein heisser Augenblick, Barden! Lafst den Kriegsgesang laut tönen, Barden!

Kedmon geht zurück.

WERDOMAR.

Barden! so oft sich der Gesang wendet, so ertönen eure Hörner von Ausrufen des Kriegsgeschreys! Barden! ihr müſst keins der Völker Deutschlands vergessen! Meine Cherusker sind es zwar, die sich vor allen, und in groſsen Schaaren, dem Tode fürs Vaterland hingestellt haben! Aber auch aus vielen andern Völkern sind nicht kleine Haufen da, diesen edlen Tod zu sterben! und aus Allen rief unser gerechter Zorn und Hermanns Heldenname die Jünglinge herbey, welche die ersten Waffen oder Blutringe tragen!

EIN CHOR.

Herbey, herbey, wo der Kühnsten Wunde blutet!
Wo ein Fabius
Mit dem helleren Schilde strahlt,
Dort hinein ins Gedräng der Schlacht!

EIN ZWEYTES CHOR.

Herbey, herbey, wo der Kühnsten Wange bleich wird!
Ein Aemilius
Mit dem höheren Helme glänzt,
Dort hinein ins Gedräng der Schlacht!

EIN DRITTES CHOR.

Herbey, herbey, wo der Kühnsten Haupt sich senket!
Wo ein Julius

Das geröthete Schwert erhebt,
Dort hinein ins Gedräng der Schlacht!

ALLE.

Ha, ihr Cherusker! ihr Katten! ihr Marsen! ihr Semnonen!
Ihr festlichen Namen des Kriegsgesangs!
Ihr Bructerer! ihr Warner! ihr Gothonen! ihr Lewover!
Ihr festlichen Namen des Kriegsgesangs!

Ihr Friesen! ihr Fosier! ihr Chazer! ihr Longobarden!
Ihr festlichen Namen des Kriegsgesangs!
Ihr Reudinen! ihr Hermundurer! ihr Narisken! ihr Quaden!
Ihr festlichen Namen des Kriegsgesangs!

Ihr Trevirer! ihr Nervier! ihr Nehmeter! ihr Wangionen!
Ihr festlichen Namen des Kriegsgesangs!
Todesloos falle den Sclaven Roms,
Den Ubiern!

Ihr Angrivaren! ihr Bojomer! ihr Sikambrer!
Ihr festlichen Namen des Kriegsgesangs!
Sie sinken, sie sinken, von Fabius Stamm,
Von Aemilius, ha, und von Julius Stamm, sie sinken!

Sie schlummern hin, und denken nicht mehr
An Karthago!

Sie schlummern hin, und erblicken die Schreckengestalt
Der edlen Parther!

ZWEY CHÖRE.

Schnell wuchs der Sprößling im Hain,
Gewunden dem Sieger zu werden um sein Haupt!
Es verwelkt', es verwelkte der Lorber
An dem hohen Kapitol!

DREY CHÖRE.

Seht ihr nicht auf der Mondglanzwolke
An der Eiche Wipfel,
Eure Brüder schweben, und eure Väter?
Bey Thuiskon und Mana sie schweben?

Sie eilen im Kriegestanz einher
Nach dem Bardengesang;
Sie blicken auf euch herab:
Ihr streitet, und siegt! und sie beflügeln den
freudigen Tanz!

ALLE.

Die Wolke zieht, in dem Haine wehts
Von der glänzenden Wolke!
Sie hören, sie hören Walhalla's Lobgesang!
Denn sie stritten, und siegten!

BRENNO.

Haltet nun ein wenig inne, Barden! Wir zeigten ihnen bisher durch unsre Lieder, was vor Thaten wir von ihnen erwarteten. Wir müssen sie auch durch unser Stillschweigen ehren!

EIN OPFERKNABE.

Zu dem ältesten. Hörtest du, was sie wieder sangen? Ich halte es nicht mehr aus!

EIN ANDRER.

Geh, geh nun gleich hin!

DER ÄLTSTE.

Ich zittre vor ihm. Und ich denke doch, daſs ich unten nicht zittern werde!

DER ZWEYTE.

Und ich sage dir, daſs du unten auch zittern wirst, wenn du nicht gleich hingehst!

DER ÄLTSTE.

Erster Priester, und erster Richter unsers Volks! verzeih, daſs ich dich anrede. Wir drey können der Barden Lieder nicht mehr aushalten. Ach, dürfen wir nicht hier den Felsen hinunter steigen, und hinter den Schilden unsrer Väter irgend einem fallenden Römer auch unsre Lanzen ins Herz werfen? Ach, du blickst uns sehr ernstvoll an! Sieh nur, wie blank und wie leicht unsre Lanzen sind! Dürfen wir nicht wenigstens einen Helm aufnehmen, und ihn uns an dem Felsen herauf reichen, und ihn dir bringen? Er soll nur dort wo in die Sträuche hingelegt werden, und nicht an den heiligen Altar.

BRENNO.

Ihr seyd zu kühn, Knaben. Tretet zurück. Euer Blut muſs noch nicht fliessen.

DER KNABE.

Ach, wir stehn ja hinter unsern Vätern! und kommen wir auch einmal hervor, wird einer von diesen Männern mit den schweren Wurfspiessen nach uns zielen?

BRENNO.

Du bist viel kühner, als du sprichst. Ich seh es in deinem Auge. Trit zurück.

DER KNABE.

Zu Werdomar. Lieber, bester Vater, willst du nicht für deinen armen Sohn bey dem heiligen Manne bitten?

WERDOMAR.

Nachdem er ihn umarmt hat.

Dank seys Wodan, daſs dich mir mein Weib gebohren hat! Aber hinunter in die Schlacht sollst du nicht gehn! Sie ist heut zu blutig!

DER KNABE.

Auch du mein Vater verlässest mich? *Er weint.* Nun, o Hertha, eine solche Römerschlacht erlebe ich nie wieder, wenn ich auch alt wie Siegmar werde, und ich Ärmster darf sie nicht sehn! keine Rüstung tönen hören! keine Rüstung eines fallenden Römers tönen hören! Mein Vater? mein bester Vater?

WERDOMAR.

Brenno, nun kann ich nicht mehr! *Er nimmt ihn bey der Hand.* Ich bring ihn Wodan, und dir! Thu was du willst.

DER KNABE.

Er wirft Schild und Lanze schnell weg, und fällt vor Brenno nieder, und fasst mit Ungestüm sein Kleid.

Erhabner, grosser Richter! und Priester!

BRENNO.

Knabe! *Nach dem Altar gewandt und leiser.* Ich dank euch, Götter! für diesen Knaben.

WERDOMAR.

Ach mein Sohn, wenn dich Hermann jezo säh!

BRENNO.

Halt mich nicht so! Reich mir deine Hand, und versprich mir: Du wirfst deine Lanze nur nach Römern, die schon bluten!

DER KNABE.

Lebhaft. Ja! mein Vater!

BRENNO.

Du kömmst mit dem ersten Helme wieder, den du findest!

DER KNABE.

Etwas traurig. Ja.

BRENNO.

Du bleibst hinter den Schilden!

DER KNABE.

Erhabner Priester Wodans! ich kann keine Unwahrheit sagen! Das Blut glüht mir ins Gesicht herauf! ich habe schon eine gesagt! Ich kann hinter den Schilden nicht bleiben!

BRENNO.

Was soll ich thun, Werdomar?

WERDOMAR.

Die Götter rufen ihn! Laſs ihn gehn!

BRENNO.

Geh, Knabe, der mein ganzes Herz bewegt hat!

DER KNABE.

Zu den beiden andern.

Ha kommt! kommt! hier den Fels hinab! *Nachdem sie schon nicht mehr gesehen werden, kehrt er wieder um, und nimmt Schild und Lanze.* Ich bringe meiner Mutter goldne Ringe mit, mein Vater! Dank dir, grofser Richter deines Volks!

WERDOMAR.

Mein Sohn! mein Sohn! komm zurück! Ach, er hört mich nicht mehr! komm zurück mein Sohn! Indem er sich umwendet. Ihr Götter, diese zarte Blume soll doch nicht jezt schon wegblühn?

KEDMON.

Die Cherusker Hauptleute führten gut, aber sie hatten keinen Feldherrn. Mit kleinen Schritten zwar, und mit toddrohendem Stillschweigen: allein sie wichen gleichwohl zurück. Die Hauptleute der Bardenburg riefen mir zu: Eil hinauf, und fordre Schlachtgesang! Indem kamen Reuter über die Büsche hergesprengt, einer stürzte und starb! Sie schrien: Hermann kommt! Gleich darauf sah ich ihn mit seinem jüngsten Kriegsgefährten kommen. Ich hab ihn noch nie so gesehn. Lang wie die junge Tanne, war sein gestrecktes Rofs! Sein Haarbusch wehte fürchterlich! Er hatte Thusnelda's Brautschild mit den Purpurblumen. Eine Römerlanze, denke ich, hatte er: aber er flog zu schnell vorbey, und die Lanze war zu blutig. Ich konnt's nicht unterscheiden. Er geht.

SIEBENTE SCENE.

SIEGMAR, HORST.

HORST.

Seine Wunde ist noch tödtlicher dadurch geworden: aber wir mußten ihn herauf führen. Er will bey Wodans Altar sterben.

BRENNO.

Ach Siegmar! Also kömmst du wieder! Ist denn keine Hülfe, Horst? gar keine?

SIEGMAR.

Führt mich zum Altar. Ich fühle sie schon nicht mehr! es ist eine Todeswunde, Brenno! Lehnt mich an den Altar.

BRENNO.

Bringt einen Teppich, daſs der ehrenvolle Greis darauf ruhe.

SIEGMAR.

Ich will keinen Teppich. Halt mich, Horst. Ich will nicht eher liegen, als bis ich todt bin. Was weiſst du von der Schlacht, Brenno? Wie rächt mich mein Sohn?

BRENNO.

Hermann ist durch den Wald herauf geeilt, und führt deine Jünglinge wieder gegen die Römer heran.

SIEGMAR.

O Wodan! ich bin, (ja es ist eine Todeswunde!) ich bin zu deinem Altar gekommen. Laſs meinen Sohn nicht zu früh sterben! Welche Glückseligkeit meines Lebens, ein lezter Labetrunk im heissen Durste würde mir das seyn, wenn ich die Botschaft von unserm völligen Siege noch hörte!

EIN HAUPTMANN.

Indem er die Felsen mit Mühe heraufsteigt, und seinen Spieſs im Heraufsteigen vor sich hinwirft.

Brenno! Ach Siegmar, du bist todesbleich von deiner Wunde! Brenno! Hermann sendet mich zu dir herauf, er sagt: Die Legionen können noch durchkommen, und er sterben! Er wählt dich, Er tritt herauf, ich soll das vor allen diesen Zeugen hier oben sagen, er wählt dich zum Wergobreth!

SIEGMAR.

Ist mein Sohn verwundet, Hauptmann?

DER HAUPTMANN.

Er ist nicht verwundet. Ich komme dicht von seiner blutigen Lanze her.

SIEGMAR.

Wie viel Adler habt ihr?

DER HAUPTMANN.

Wir haben einen Adler.

SIEGMAR.

O Wodan! die andern auch! Jüngling, sage meinem Sohne nicht, daſs du mich gesehen hast.

DER HAUPTMANN.

Nicht lange, hoffe ich, und ich kann es ihm nicht mehr sagen; denn rächen, rächen will ich dein Blut, edler Greis!

HORST.

Siegmars Blut zu rächen, gehört mir zu, Hauptmann!

DER HAUPTMANN.

Mir auch. Er geht.

SIEGMAR.

Nach einigem Stillschweigen.

Was trauerst du denn, Brenno? Es sind zu viele Römer verwundet! zu viele todt! Wir siegen gewiſs. Die Zeit ist ganz nah, daſs Hermann auch fallen kann. Auch sagt mir mein Herz laut, daſs Wodan den alten Siegmar aus keiner Niederlage seines Volks nach

Walhalla hinübergehen läſst! Barden! singt mir den Gesang derer, die ihr Vaterland mehr, als ihr Leben liebten. Nein, singt nicht mir, singt hinunter in die Schlacht. Ermuntert sie nicht zum Siege. Davon singt, daſs kein Römer entrinnen muſs!

WERDOMAR.

Zu den Barden. Ihr hört, er meint, wie wir dann singen, wenn die Schlacht am blutigtigsten ist.

BRENNO.

Ich kenne deinen Muth, Siegmar, der dich auch im Tode nicht verläſst. Ich kenne aber auch den oft schnellen Umsturz menschlicher Dinge. Ihr wiſst den unbekannten Weg, Druiden, der um den spitzen Felsen herum zum Walde führt. Den nehmt, wenn die Römer noch siegen. Vielleicht nehme ich ihn auch, vielleicht sterbe ich lieber hier. Ich bin noch nicht entschlossen, ob ich Wergobreth seyn will.

HORST.

Es ist nun Zeit, Siegmar, daſs ich hinunter geh, und deinen Tod räche. Ich sterbe lieber in der Schlacht, als bey deinem Grabe.

SIEGMAR.

Diese Sitte unsers Volks liebe ich nicht; daſs der Freund mit dem Freunde stirbt! Du sollst nicht sterben, Horst!

HORST.

Wie kannst du das von mir fordern, edler Greis, daſs ich nicht mit dir sterben soll?

SIEGMAR.

Du sollst aber wegen der Legionen leben, die Augustus senden wird. Du sollst nicht sterben, sag ich! Schwör mirs bey dem Schwert!

HORST.

Ich liebe die Sitte unsers Volks, und kann das nicht schwören.

SIEGMAR.

Meine lezte Bitte an dich schlägst du mir ab? Schwör!

HORST.

Und man sollte von mir sagen, daſs ich vielleicht aus Zaghaftigkeit, (auch nur Vermuthung ist bitter!) länger gelebt hätte, als Siegmar?

SIEGMAR.

Und ich sag hier laut, daſs dieser Jüngling, wegen der Legionen, die kommen werden, leben bleibt! Schwöre mirs, oder ich hasse dich in meinem Tode!

HORST.

Leise, indem er sein Schwert zieht und niedersenkt.

Mein Vater, ich gehorche. Laut. Ihr hörtet, was Siegmar von mir sagte!

WERDOMAR.

Barden! Kriegsgeschrey bey den Wendungen des Gesangs! und Wodan!

EIN CHOR.

Ihr stammet von Mana! ihr stammet von Thuiskon!
Reifst die Lanzen aus den Todten, und stürzet die Lebenden hin!
Es schlägt sonst euern jungen Sohn, den Blütenzweig,
Ihr Schwert herab!

ALLE.

Wodan, Wodan! Römerblut! Wodan!

ZWEY CHÖRE.

Ihr stammet von Mana! ihr stammet von Thuiskon!
Werft die blutigeren Lanzen schnell, wie den Blick!
Sonst müssen eure Mütter ihnen tragen
Ihre Kriegesbürden!

ALLE.

Wodan, Wodan! Römerhelme! Wodan!

DREY CHÖRE.

Ihr stammet von Mana! ihr stammet von Thuiskon!
Die Lanze den Römern in die stolze Stirn!
Und, senkt ihr müder Schild sich nieder,
Die Lanz' in das Herz!

Sonst nehmen sie euch das edle Weib,
Und führen sie fort, in der Kette fort!
Ach! eine Sclavinn,
Das edle Weib!

ALLE.

Wodan, Wodan! Römerschilde! Wodan!

ALLE.

O Volk, das männlich ist! und keusch!
Es wüte dein Herz! es tödte dein Arm!
Die Lanze gerad' in das Antlitz der Römer!
Gerad' in das Herz!

Sonst führen sie eure Bräute,
Die hohen, stolzen Blumen des Frühlings,
Zum Traubenmahle dahin!
Zum nächtlichen schrecklichen Traubenmahle!

ALLE.

Wodan, Wodan! Cohortenbilder! Wodan!

EIN CHOR.

Ihr habt doch blinkende Dolche, Bräute?
Schnell, wie der Schwelger Blick,
Ist euer Entschluſs!
Ihr habt doch blinkende Dolche, Bräute?

ALLE.

Wodan, Wodan! Adler! Wodan!

ALLE.

Ha, sie wüten! die Jünglinge wüten!
Umsonst winkt in der goldenen Schale der Traube Saft!
Die Schwelger bluten! sie bluten! und trinken die goldene Schale nicht!
Werft, Bräute! die Dolche weg!

ALLE.

Wodan! Wodan, Tyrannenblut!
Wegen der heiligen Freyheit!
Blut, wegen der heiligen Freyheit, Blut der Tyrannen!
Wodan! Wodan!

SIEGMAR.

Wiſst ihr, Barden! wie mir gewesen ist, daſs ich diesen Leichengesang der Legionen noch gehört habe? Es ist mir gewesen, wie dem Jünglinge, der am Tage seiner ersten Waffen die Waffen blutig sieht. Ach, es war schon der dritte Tag, da einst meine bluteten. Aber ich hatte gleichwohl auch der Freuden viel! Ich zögerte, da ich zum Bache gehn mufste, das Blut von meiner schönen Lanze zu spülen. Ich mufste hin! Mein Vater wollts! Sein Vater hatt' es auch so gewollt! Es ist gleichwohl eine gute Sitte! Ich mufste hin. Aber ich fiel in jedem Strauche, weil ich die schöne blutige Lanze immer ansah. Ich hab es wohl eher erzählt. Erst mit dem lezten Strale der Sonne flofs das lezte Blut in dem Bache fort. Und so kam ich mit blinkender Lanze zum Siegsmahle! Aber singt mir nun das Lied derer, die ihr Vaterland mehr als ihr Leben liebten. Denn ich sterbe!

ALLE.

O Vaterland! o Vaterland!
Mehr als Mutter, und Weib, und Braut!
Mehr als ein blühender Sohn
Mit seinen ersten Waffen!

SIEGMAR.

Er winkt mit der Hand.

Mildert den Schall der Hörner nicht, und wendet euch von mir mehr nach dem Thal hin.

Denn das Lied ist auch für die, welche unten in der Schlacht sterben!

ALLE.

Du gleichst der dicksten schattichsten Eiche
Im innersten Hain!
Der höchsten, ältesten, heiligsten Eiche,
O Vaterland!

EIN CHOR.

Die Blum' auf dem Schilde des Manns,
Auf welche das Blut des Todes trof,
Ist schön wie Hertha
Im Bade des einsamen Sees!

ZWEY CHÖRE.

Wer des Schildes Blume sich röthen sah
Von Todesblute,
Hat an Hertha's geweihtem Wagen gestanden, und die Göttinn gesehn
Im Bade des einsamen Sees!

DREY CHÖRE.

O du, der starb für das Vaterland!
Dir bringt in dem kühlsten der Haine Walhalla's
Dir, der wieder Jüngling ward,
Die ersten Waffen Thuiskon!

SIEGMAR.

Er winkt mit der Hand.

Stärker! stärker! daſs es meine Gefährten nach Walhalla auch hören!

WERDOMAR.

Bester Mann des Vaterlands! unser Gesang wütet hinab!

SIEGMAR.

Stärker! sag ich. Verzeih mir, Werdomar! Ich schlummre schon hin! Wenn ich hinauffühle, so deucht michs, daſs der Kranz in der Schlacht gewelkt ist. Ja, es deucht mich, daſs ich auch Blut daran fühle! Bringt mir andres Laub, bringt mir junges Laub, bringt mir frisches, helles Sommerlaub von Thuiskons groſsen Schatteneiche!

BRENNO.

O du lieber Siegmar! ich will hingehn! und dir Thuiskons Laub bringen!

SIEGMAR.

Du guter Brenno! ja ich sterbe! Reich mir deine Sichel her! Das ist eine groſse, goldne Sichel! Die Tribunen haben nun goldne Schilde! Ich hab einen solchen Tribun gesehn, Brenno! Sterben sollen sie auch! sterben! Brenno, geht. Wo ist mein alter Freund Brenno hingegangen?

WERDOMAR.

Er schneidet dir frisches, helles Sommerlaub von Thuiskons Eiche.

SIEGMAR.

Ist er in die Schlacht gegangen? Will er auch sterben? Wo ist mein Sohn Hermann? Ist er schon todt? Nun Hermann, Hermann! Siegmars und Bercennis Sohn! (Flavius muſs zu Minos hinunter! Laſs ihn Walhalla selbst nicht von fern sehn, Wodan! Denn zu furchtbare Ahndung träfe ihn dann!) Nun Hermann! mein Sohn Hermann! du Knabe mit dem groſsen blauen Auge! Habt ihr einen Jüngling das Lanzenspiel tanzen gesehn, wie ihn? Du guter Hermann! wärst du bey mir gewesen, so hätte ich sie nicht diese Todeswunde! Nun so bist du denn mein Genoſs bey dem Siegesmahle Wodans!

BRENNO.

Er flicht den Kranz.

Den Kranz, den du in der Schlacht getragen hast, wollen wir bey dem ersten Opfer mit in die Flamme werfen! Siegmar! ich bin glücklich in meinem Leben gewesen. Weil ich das war, so habe ich mir wenig Wünsche erlaubt. Aber heut hätte ich, wie du, vorn in der Schlacht seyn mögen!

SIEGMAR.

Du! und ich! und Hermann! meinst du? Aber du kömmst uns ja bald nach. Barden! ihr habt den Grabgesang nicht vollendet.

DREY CHÖRE.

Dir singen nach die Barden an Wodans und Hertha's Altar,
Entgegen dir die Barden Walhalla's.
Ohne deinen Namen wäre den Barden hier,
Ohn' ihn den Barden dort die dankende Saite stumm!

ACHTE SCENE.

Die beyden Opferknaben führen den Ältesten, und tragen zugleich sein Schild und Lanze, und einen römischen Helm.

ALLE.

Und hast du bey Waffentänzen und Siegesmahlen
Die zweyte lange Jugend gelebt;
So nimmt dich auf in seinen stralenden Hain
Allvater!

BEYDE OPFERKNABEN.

Wir sind unschuldig, Brenno! wir sind unschuldig! Wir konnten ihn nicht halten.

EINER.

Wir wollten ihm das Blut saugen, aber er wollt's nicht haben.

WERDOMAR.

Ach mein armer Sohn! Er hält ihn. Sieh mich an. Kennst du mich nicht, mein Sohn?

DER KNABE.

Wer bist du?

WERDOMAR.

Ich bin dein Vater!

DER KNABE.

Du mein Vater? Du bist der blutige Centurio! Geh! Ist das der schreckliche Varus dort am Altar? Warum faſst Varus Wodans Altar an? Du sollst Wodans Altar nicht anfassen, du Feldherr der Tyrannen!

SIEGMAR.

Was naht sich mir vor eine Jünglingsgestalt aus Walhalla? Ist das der Geist meines Sohns Hermann? Ist mein Sohn nun todt? Mein Sohn Hermann! geht der Weg nach Walhalla hier bey dem Altar vorbey, so nimm mich mit, mein Sohn Hermann!

BRENNO.

O Siegmar! sieh hin. Es ist Werdomars Sohn. Wodan würdigt sogar diesen Knaben, dafs er ihn aus der Schlacht zu sich ruft.

DER KNABE.

Soll denn Varus immer hier bey dem Altare stehn? Er sprach von Walhalla. Er mufs nicht von Walhalla sprechen. Hat er die Barden alle getödtet? Hat er meinen Vater auch nach Walhalla gesandt? Soll er denn immer noch hier bey dem Altare stehn? Die Jünglinge haben genug geblutet, dafs er den heiligen Altar nicht anfassen sollte. Ich hab auch geblutet!

SIEGMAR.

Geist meines Sohns Hermann! warum ist dein Blick so wild? Haben wir die Schlacht verloren!

DER KNABE,

Ja! du blutiger Varus! verloren hast du sie die Schlacht! und alle deine Schilde, und alle deine Adler verloren, und alle deine Lanzen, und alle deine Beile! Gleichwohl dulden sie dich immer noch hier bey Wodans Altar! Was haltet ihr mich so? Wer hat meine Lanze? Der blutige Mann ist ohne Schild! Wer hat meine kleine, schöne Lanze? Ich traf wohl eher den Geyer im Fluge! Ich wills nicht fehlen diefs Römerherz. Denn hat ihm nicht Hertha den Schild vom Arm heruntergeschlagen?

SIEGMAR.

Verloren! sagst du? was denn verloren? wo bin ich denn? Verloren hätten wir sie, diese lang berathschlagte kühne Schlacht, die so schön begann? und so schön fortschlug? Nein, o Erscheinung dort! du bist der Geist meines Sohns Hermann nicht! Ha bey Wodan! der bist du nicht! Von seinem Stammeln an hat mein Sohn Hermann keine Unwahrheit gesagt, und er sollte auf dem Wege nach Walhalla eine sagen?

WERDOMAR.

Am Abhange, denke ich, sind Mooshügel, dafs ich mein armes Kind darauf legen kann, und ihm die Wunde saugen.

EIN BARDE.

So bald du durch die Felsen gegangen bist, findest du gleich einen zur Rechten.

DER KNABE.

Was fafst ihr mich nun so stark an? Ja, stofst mich nur hinunter, weil ihr den blutigen Varus nicht hinunter stossen wollt.

SIEGMAR.

Nun, so bist du denn endlich entflohn, du täuschende Erscheinung!

EIN DRUIDE.

Der am äusersten Hange des Felsen steht und hinunter sieht, für sich.

Nein, nein! mein Auge trügt mich nicht. Sie weichen! auf allen Seiten weichen sie! Ja, ja! Ihr Götter, ihr täuscht mich doch nicht, o ihr Götter? ja! sie weichen!

BRENNO.

Was bewegt dich so, Druide? was siehst du? was sagst du?

DER DRUIDE.

Ach Brenno!

BRENNO.

Was zitterst du, Druide?

DER DRUIDE.

Ach Brenno, ich weiſs nicht, ob ich im Taumel der Freude recht sehe! Sie fliehn, Brenno! sie fliehn!

BRENNO.

Zu einem andern Druiden.

Hin du! trit vor! blick hinab!

DER DRUIDE.

Bey Hermanns rothem Schwert! Brenno! Sie fliehn! sie fliehn auf allen Seiten!

SIEGMAR.

Was führt ihr mich denn auf dem Schlachtfeld umher, wenn ihr die Bilder und die Adler zwischen den Leichen nicht aufheben wollt? Was zögert ihr denn? Sollen die grofsen Denkmahle unsers Siegs nicht in den Hain gestellt werden? Das ist ein schwerer Schlummer gewesen! Ich weifs nicht, wie lang er gedauret hat, Brenno. Werden wir bald siegen? oder haben wir schon gesiegt?

BRENNO.

Zwey Druiden haben eben jezt die Römer auf allen Seiten fliehn gesehn!

EINIGE DRUIDEN UND BARDEN.

Zugleich. Sie fliehn! sie fliehn!

DER ZWEYTE DRUIDE.

Nur wenige ziehn sich zurück.

SIEGMAR.

O Wodan! dem wir opferten! Sie fliehn! sagt ihr? sagt ihr? O Wodan! Nur wenige. Bey der Mäfsigkeit, in der auch unsre Söhne nach mir leben werden, brauchen sie auch der Sklaven nicht viel.

KEDMON.

Wodan und allen Göttern seys gedankt! Sie fliehn, sie fliehn überall!

BRENNO.

Mein theurer Siegmar! vernimm der Siegsfreuden Eine! Sogar unsre Knaben sind nah bey den Römerlanzen gewesen! Werdomar saugt seinem Sohn eine Todeswunde!

SIEGMAR.

Ihr Götter! ihr gebt mir liebe Gefährten nach Walhalla mit! Das thun die Götter, dafs wir solche Knaben haben! O mein Vaterland! an uns, an uns wollen sie die Kette nicht klirren hören!

EIN HAUPTMANN.

Werdomar kömmt mit ihm.

Hermann sendet mich. Es ist geschehn! Sie ist vollendet die blutige Schlacht, wie keine war! Fürchterlich war unser lezter Angriff, und fürchterlich die Gegenwehr. Keine Wunde ohne Tod! Nur vier schwache Cohorten sind übrig. Hermann ruft laut durch alle Lanzen her, dafs kein Deutscher mehr sterben soll. Sie werfen schon ohne unser Blut die Schilde weg! ruft er. Allein! die Katten wollen die Cohortenbilder haben. Sie rückten nah gegen die Cohorten heran, als mich Hermann herauf sandte.

SIEGMAR.

Bleib, Hauptmann. O Wodan! Dank dir, o Wodan! Einen schönern Tag konnte kein Deutscher erleben! und den lässest du mich sterben! Wie sanft wird der Mond auf meine Leiche scheinen! Barden! vergeſst meines Namens nicht. Ich liebte mein Vaterland! ich liebt' euch auch, und ihr mich!

EIN BARDE.

O du theurer Siegmar! o du Harfentonsname! Du Name für Walhallas Gesang!

SIEGMAR.

Ich weiſs nicht, ist es die Freude, oder die Wunde, daſs ich schon jezt sterbe? Deine Hand, deine Hand, Brenno! Ich fühle den Tod, Brenno! Nun bis zum Wiedersehn! Laſs meinen Sohn Hermann erst das Siegsmahl halten, eh du ihm meinen Tod... *Er stirbt.*

BRENNO.

Nach langem Stillschweigen.

Nein, nein!.. Denn du hast Recht, Siegmar! Du bist an dem schönsten Tage deines Lebens gestorben! nein, ich will nicht weinen! Bleib, Hauptmann! Du sollst es seinem Sohne nicht sagen! Keiner soll es seinem Sohne sagen. Ich will das thun. Geh du, Druide, zu Bercennis, daſs sie ihre Thränen schnell trockne, und es ihrem Sohne nicht sage! Bringt einen Teppich. Legt ihn hier seitwärts, hier weiter hin nach dem Gesträuche zu. So Horst. Der Schild und die Lanze müssen bey dem gefallnen Sieger liegen!

HORST.

Ach mein Vater Siegmar!

BRENNO.

Breitet den Teppich über ihn aus. O Siegmar, Siegmar! nun kann es deines Volkes Dank nicht mehr, nun kann dich nur Wodan belohnen!

HORST.

Und er belohnt dich! Du bist nun da, wo die Freude keine Wolken hat. So kennen wir sie nicht. Mir bewölkt sich sogar die Freude über unsern Sieg. Mir erfochten sie ihn nicht! Ich kann seiner nicht geniessen! Denn ich weiſs nicht, ob Hermann, nach diesem Traueranblick, es können wird; weiſs nicht, ob der furchtbare Jüngling, um den Genuſs zurück zu rufen, beschliefst, dafs er durch die Schatten der Legionen, welche Augustus senden wird, seinem Vater Leichenbegängnifs halten will.

NEUNTE SCENE.

DIE VORIGEN. EIN GEFANGNER.

EIN BARDE.

Sie bringen einen Römer herauf. Ja, alles, alles ist entschieden, weil sie Zeit haben, Gefangne zu führen.

BRENNO.

Siehst du Hermann noch in der Schlacht?

DER BARDE.

Der von der Seite nach dem Thale zu zurück kömmt.

Es ist keine Schlacht mehr. Ganze Manipeln werfen die Schilde und die Lanzen weg. *Der Gefangne kömmt.* Dieser Römer mufs nicht weit vorgedrungen seyn. Er hat keine Wunde.

SEIN FÜHRER.

Er hat gewollt, dafs wir ihn zu Hermann führen sollten. Wir bringen ihn hier herauf, weil Hermann bald hierher kommen wird.

BRENNO.

Wer bist du, Römer?

DER GEFANGNE.

Ich bin kein Römer.

BRENNO.

Und wer bist du denn?

DER GEFANGNE.

Ich bin aus einem Volke, das nicht kriegen sollte, sondern sich unterwerfen.

BRENNO.

Und mit wem nicht kriegen?

DER GEFANGNE.

Mit den Beherrschern der Welt.

BRENNO.

Heut herrschen sie hier nicht! Wer bist du, verwegner Sklav?

DER GEFANGNE.

Ich bin ein Deutscher.

BRENNO.

Du bist kein Deutscher! Wir fechten nicht gegen unser Volk! Und ohne Blut kommst du aus einer solchen Schlacht?

DER GEFANGNE.

Wenn es dir scheint, daſs ich nicht sterben gelernt habe, so werde ich hier bey euch bald zeigen können, daſs ich es weiſs.

BRENNO.

Wenn du wirklich ein Deutscher bist, und also wider dein Volk gestritten hast, so bist du uns zu gleichgültig, um zu bemerken, wie du stirbst! Aber wer bist du?

DER GEFANGNE.

Hermanns Bruder.

BRENNO.

Der Verräther Flavius?

FLAVIUS.

Flavius, der glaubt, daſs wir eure Beherrscher sind!

BRENNO.

Wir, sagst du? Ich sehe, daſs du Uns durch diesen deinen Stolz noch verächtlicher werden, und so dem Tode entgehen willst! Fliehn hast du gelernt, aber nicht sterben! Sehet den Verworfensten unsers Volks, weil er Hermanns Bruder ist!

WERDOMAR.

Was dachtest du, Elender, da du den Kriegsgesang unten hörtest?

FLAVIUS.

Ich dachte, unsre Lanzen würden euch bald in das Reich des Stillschweigens hinab senden, weil auch ihr, dieſs kleine Volk, klein ist es gegen die Römer! anfeuert, sich immer unglücklicher zu machen.

WERDOMAR.

Dieſs kleine Volk, elender Mann! hat heut die drey ältesten Legionen Roms vertilgt! Bald wirst du Eure Adler sehn, und Unsern Hermann, der dein Bruder nicht mehr ist!

FLAVIUS.

Alles, was ich euch zugestehen kann, ist, daſs dieser volkschmeichelnde stolze Jüngling die drey Tage her nicht wenig kühn gewesen ist. Mein Blut wallet mir heiſs auf, wenn ich daran denke, daſs ich diesen jüngeren Sohn meiner Mutter jezt sehen muſs.

BRENNO.

Das Eine nur will ich dich würdigen, dir noch zu sagen: Du hast keine Mutter mehr!

FLAVIUS.

Ist meine Mutter todt?

BRENNO.

Die Mutter Hermanns lebt! Er muſs sterben! Werdomar.

WERDOMAR.

Meinst du, die siegenden Fürsten werden sich zu dieser Aufmerksamkeit auf ihn herab lassen? sie, die das Todesurtheil über drey Legionen so laut aussprachen, dafs es in allen Pallästen Augustus, und um jeden Altar des Kapitols widerhallen wird!

BRENNO.

Er naht sich Flavius schnell.

Der Tod schwebt über dir! Ein Wort, und keins der Schwerter hier, das nicht gleich gegen dich wüte! Soll ich Seinen Namen nennen, Werdomar?

FLAVIUS.

Können die Druiden jezt die Gefangnen der Schlacht tödten?

BRENNO.

Nah schwebt der Tod über dir! sage ich! Ein Name, sage ich, oder auch Ein Anblick; und du bist nicht mehr!

WERDOMAR.

Mitleid! Mitleid! sterben mufs er, aber Mitleid!

BRENNO.

Lafs mich! Gegen ihn?

FLAVIUS.

Womit drohst du mir?

BRENNO.

Mit dem, der alle diese Schwerter hier gegen dich zücken kann. Ich weiſs nicht, wie hart das Herz eines Verräthers ist, aber auch dem härtesten unter allen könnte der Tod selbst nicht bittrer seyn!

FLAVIUS.

Ich versteh dich nicht.

BRENNO.

Hier wandeln Geister, welche auf dem Wege nach Walhalla sind; die verstehn mich!

ZEHNTE SCENE.

THUSNELDA, mit ihren Jungfrauen.

THUSNELDA.

Nun, nun bin ich wieder die glücklichste unter allen meinen Gespielinnen! Denn Hermann lebt, und den gröſsten von allen Siegen über die Römer erfochten Deutsche! Gestatte mir, Brenno, daſs ich mich dem heiligen Altar nähere. Ich will hier unsern Hermann erwarten. Denn so muſs ich den Liebling des Vaterlandes heut nennen, obgleich mein Herz ihn niemals lauter meinen Hermann genannt hat! Glücklicher, glücklicher war nie ein Weib eines ehrenvollen Manns, als ich heute bin! O Hertha, welch ein Tag ist dieser! Jungfrauen, eure Blumen sind doch die schönsten unter allen Blumen?

BRENNO.

Stolz deines Mannes, so wie der edle Jüngling der Stolz seines Volkes ist, Thusnelda! ja, du bist sehr glücklich, Thusnelda!

THUSNELDA.

Ungestüm schlägt mir mein Herz, daſs ich kaum weiſs, wo ich mich hinwenden soll! Eure Blumen, Jungfrauen, sind doch die schönsten unter allen Blumen? und eure Stimmen so frohes Tons, wie die Stimme des Wiederhalls in den Felsen des Rheins? Denn heut, heut muſs unser Siegslied den Gesang der Barden übertreffen! Erwarte ich ihn hier bey dem Altar? trete ich in den Felseneingang vor? Ich bin dir Ehrfurcht schuldig, erhabner Jüngling, der eine Schlacht geschlagen hat, wie keiner deiner Väter schlug. Kommt, Jungfrauen, wir wollen hier in diese Schatten zurück treten.

Meint ihr etwa, Druiden, daſs die Partherschlacht wie unsre war? Selbst Brenno ist ihm heut Ehrfurcht schuldig!

BRENNO.

Das bin ich, Thusnelda!

THUSNELDA.

Ihr Gefährtinnen meines Lebens, meine Gespielinnen, als ich ihm den ersten Kranz wand, habt ihrs gehört, was Wodans oberster Priester von ihm sagte? O Mond, wie gehest du heut in unsern Hainen auf! Hat er jemals so schön durch das heilige Laub geschimmert, meine Gespielinnen? Wer ist dieser Römer in der Kette?

BRENNO.

Nach einigem Stillschweigen.

Dieser Gefangne heiſst jezt Flavius.

THUSNELDA.

Ihr Götter! Hermanns Bruder? und er ist hier? und er entweiht Wodans Altar so nah? Er soll doch nicht sterben, Brenno?

BRENNO.

Ich weiſs nicht, wie es die Fürsten entscheiden werden.

THUSNELDA.

Ach, er muſs nicht sterben, Brenno. Heut muſs kein Deutscher mehr sterben!

BRENNO.

Er ist kein Deutscher mehr.

THUSNELDA.

Auch wenn er es nur war, muſs er heut nicht sterben.

BRENNO.

Wenn ihn unsre Heerführer in der Freude des Siegs vergessen, so werfe ich das Todesloos über ihn.

THUSNELDA.

Aber, o Brenno, er ist ja Siegmars Sohn, und Hermanns Bruder!

EIN HAUPTMANN.

Gesiegt! gesiegt! wie sie selbst niemals siegten! bis zur Vernichtung der Legionen gesiegt! Römerschilde, Barden! *Er schlägt sie zusammen.* Römerschilde! Doch ich bin nah bey dem Altar. Verzeih, Brenno, daſs ich seiner und deiner vergaſs. Ich glaube, ich vergaſs in dieser Freude des Gottes selbst, wenn er hier stand!

EIN ANDRER HAUPTMANN.

Hermann kömmt! O Vater Brenno, welch ein Sieg! Hermann, der ihn erfochten hat, Hermann, der Retter seines Vaterlands, kömmt, Vater Brenno! Hier sind die Beile der Blutrichter.

Er wirft die Fasces weit von sich weg.

THUSNELDA.

Er kömmt! *Es wird Bardenmusik von fern gehört.* er kömmt! wo wende ich mich hin?

BRENNO.

Lebt Varus?

DER HAUPTMANN.

Er ist todt!

Hermanns Barden fahren fort zu singen.

Denn, o Vertilger der Legionen,
So hat noch keiner Wodan geopfert!
Gewafnete Hekatomben waren die Opfer!

EILFTE SCENE.

HERMANNS BARDEN. VALERIUS und LICINIUS. HAUPTLEUTE, die Varus Schild, Cohortenlanzen und zwey Adler tragen. SIEGMUND. HERMANN.

HERMANN.

Indem er im Eingange sich nach einem Hauptmanne umwendet.

Die kühlsten Quellen sind die besten für die Wunden.

THUSNELDA.

Die mit ausgebreiteten Armen auf ihn zuläuft.

Hermann!

Nachdem sie ihn umarmt hat, fällt sie vor ihm nieder, und hält seine Hand und seine Lanze.

HERMANN.

Er reiſst seine Hand von ihr los, und hält seine etwas blutige Lanze gegen den Altar.

Wodan! Dieſs war der dritte Tag! und ich lebe! Haltet mir die Lanze in den Bach.

Er giebt sie weg.

THUSNELDA.

Kommt, kommt, und bringt die Blumen!

Thusnelda und ihre Jungfrauen streuen Blumen um Hermann.

HERMANN.

Wo sind meine Kriegsgefährten? Wo ist Hawart?

EIN KRIEGSGEFÄHRT.

Er ist todt!

HERMANN.

Wo ist Geltar?

EIN ANDRER.

Er ist todt!

HERMANN.

Wo ist Horst?

HORST.

Hier bin ich, Hermann.

HERMANN.

Horst! Vala will mit den Reutern entrinnen! Mein Vater, sagen sie mir, hat eine leichte Wunde.

HORST.

Er fühlt keine Schmerzen mehr.

HERMANN.

Meine Mutter pflegt des ehrwürdigen Greises, sonst wäre sie gewiſs hier! Horst! erst an Mana's Felsen herum! Dann durch die Wasserkluft! Dann durch den Bach bey der neunten Eiche! Dann das verwachsne steinichte

Thal hinauf. Am Ende des Thals kömmt Vala vorbey. Arbeiten sich euer viele durch, so fesselt Sklaven; aber sind eure Haufen nur klein, so müssen Er und seine Reuter ohne Schonen alle sterben. Du hast mich gehört, Horst? Bey der neunten Eiche. Denn der Bach ist sonst überall zu reissend, und zu steinicht im Grunde. Horst geht.

THUSNELDA.

Du bist noch so wild von der Schlacht, Hermann!

HERMANN.

Er ruft Horst nach, der sich umkehrt.

Horst! das Steinthal, das sich schmal öfnet. Dicht daran ist ein grofser Moosfels!

THUSNELDA.

Ach Hermann, du siehst deine Thusnelda nicht Einmal an?

HERMANN.

Edles Weib meiner Jugend! ja, ich lebe, meine Thusnelda! Steh auf, du freye Fürstin Deutschlands! Es war heifs und blutig in der Schlacht! Steh auf, Thusnelda! ich habe dich noch nie geliebt, wie heut. Blumen hat mir meine Thusnelda gebracht?

THUSNELDA.

Nein! Hermann! deine Thusnelda, die freye Fürstin Deutschlands, soll noch nicht aufstehn. Meine Liebe zittert hier wohl in meinem Herzen, aber ich wage es heut nicht, dich anders als mit Ehrfurcht anzusehn!

HERMANN.

Steh auf, mein edles Weib! Bald will ich bey dir in deinem Kriegswagen sitzen. So eilen wir an dem Rhein hinauf, und sehen vor uns, und hinter uns die Schlösser der Römer brennen! Barden! ihr habt noch nie so viel Theil an den Ehren der Schlacht gehabt. Doch ich erzähle euch das Alles bey dem Mahle. Eilt jezt, und singt Wodan den Siegsgesang.

ALLE.

Geschlagen ist die blutige Todesschlacht!
Erkämpft der Sieg!
Der Legionen drohendes Kriegsgeschrey, der Feldherrn stolzes Rufen
Ist stumm wie das Grab!

ZWEY CHÖRE.

Wodan hat den hohen Wagen gewandt
Hinüber nach Walhalla!
Wie des Wiederhalls in der Sommernacht war seines Schildes Ton,
Wie des vollen Mondes der Glanz!

ZWEY ANDRE CHÖRE.

Flieget den Flug
  Des Kriegeswagen Wodans,
    Ihr Seelen, deren edles Blut
      Floſs in der blutigen Todesschlacht!

Folget ihm nach, mit den Barden Walhalla's,
  In seinen Hain!
    Und singet, wie wir,
      An dem Rauschen der heiligsten Quelle des Hains,
        Siegsgesang!

ALLE.

Ha! Streiter auf dem donnernden Kriegeswagen!
  Sie liegen und schlummern im Thal!
    Ha! Streiter mit dem tausendjährigen Eichenschilde!
      Sie liegen und schlummern im Thal!

Ha! Streiter Wodan!
  Die stolzen Tribunen im Thal!
    Ha! Streiter Wodan!
      Die stolzen Legaten im Thal!

Wodan! Streiter Wodan!
  Der Feldherr im Thal!
    Ha! Wodan! Wodan! Streiter Wodan!
      Augustus komm! und lieg' im Thal!

HERMANN.

Ist hier kein Felsensitz? Die Legionen haben mich müde gemacht. Wer den schattichsten Quell kennt, der schöpfe mir daraus! Die erste Kühlung, wie sie aus dem Felsen stürzt.

THUSNELDA.

Sie setzt sich bey Hermann.

Was ist das vor ein glänzender Schild dort, Hermann?

HERMANN.

Das ist Varus Schild.

THUSNELDA.

Bring ihn mir, Hauptmann. So groſs, und hat doch nicht gerettet!

Sie legt ihn vor Hermann nieder.

HERMANN.

Brenno! die Götter haben es gut gemacht. Diese Schlacht war heiſs! und sie dauerte!

BRENNO.

Jupiter hatte Rom hoch erhöht. Unsre Schlacht lehrt mich von neuem, daſs es über seinen Gipfel weg ist, und herunter steigt. O du Edelster unsrer Fürsten, unterjochen sollen sie uns nun nicht!

HERMANN.

Wähl, und weihe die Eichen, Brenno, in deren Schatten du diese hohen Adler, und diese

Cohortenbilder hinstellen willst. Ich verberge es euch nicht, meine Stirn glühet mir, und mein Herz schlägt mir laut, wenn ich diese Denkmahle unsers Siegs ansehe.

Seine Lanze wird ihm wieder gebracht.

THUSNELDA.

Ich kann dirs nicht aussprechen, Hermann, was mir diese Adler jezt vor ein Anblick sind. Wie furchtbar kamen sie mir vor, wenn ich ins Lager der Römer hinunter sah! Und wie wenig sind sie es hier! Gieb mir deinen Adler, Hauptmann! Sie besieht ihn mit Aufmerksamkeit. Hermann wird Wasser in einem Helme gebracht. Nimm ihn, nimm ihn! er hat in Blute gelegen!

HERMANN.

Der dritte fehlt, aber seine Legion ist vertilgt! Er mag fehlen! Wie nahmst du den Adler, Cherusker?

DER CHERUSKER.

Wie ich ihn nahm? Wir waren zwölf, sieben Brüder und fünf Brüder. Wir schwuren bey Thuiskon, daſs wir einen Adler nehmen wollten! Da nun mein sechster Bruder auch todt war, da wurde die Rache so heiſs bey mir, als der Schwur! Ich schonte meiner, und sah nur nach dem Adlerträger. Die Jünglinge warfen mirs vor, daſs ich nicht stritt. Ich lieſs mirs vorwerfen; denn ich wuſste wohl, daſs ich sterben wollte! Aber endlich, endlich, da ich wieder drey Lanzen bey einander hatte, und die Cohorten sehr schwankten, da stieſs ich dem Träger die dritte Lanze ins Herz. Denn werfen wollt ich sie nicht, sonst hätt ein andrer den Adler genommen.

HERMANN.

Und du, Brukterer?

DER BRUKTERER.

Meine Braut sagte zu mir: Einen Adler, oder ich mag dich nicht wiedersehn! Es war mir, als sänge sie mir Bardengesang; aber ich antwortete ihr nicht. Ich hab auch nur in der Schlacht gespielt, als wärs Waffentanz gewesen. Allein da die Adlercohorte von neuem vordrang, und der Kriegsgesang eben sehr stolz herunter scholl, da wütete ich, daſs ich nicht mehr weiſs, wie ich ihn nahm! Nun habe ich ihn, und meine Braut seh ich auch wieder.

HERMANN.

Diese Jünglinge, Brenno, müssen künftig dicht hinter den Fürsten stehn, wenn du opferst. Thusnelda! den Adler des Brukterers hatte die neunzehnte Legion. Sieh ihn an, Thusnelda! Er ist uns merkwürdig! Sie erzählen seine Geschichte, wie eine Göttergeschichte! Ich begleitete einmal Varus zu der Legion, die in Waffen stand, und er war kühn genung, sie mir zu erzählen!

THUSNELDA.

Bey Hertha! dieser Adler muſs sehr merkwürdig seyn! Denn dein Auge glüht ja! und du bewegst die Lanze, als du thust, wenn du es bey meinem Wagen nicht mehr aushalten kannst, und zurück in die Schlacht sprengen willst!

HERMANN.

Bewegte ich die Lanze, Thusnelda? Einer der Adler aus jener Vertilgungsschlacht, da Marius .. da wir keine Feldherrn hatten! Du bist gerächt, o Blut meiner Väter! du bist gerächt, Brenno! wenn du mit den Weissagerinnen über das Schlachtfeld zeuchst, so rufe den Schatten dieses Cajus Marius herauf, daſs er dort wehklage, wie einst, noch lebend, unter den Trümmern Carthago's! Ja! du bist gerächt, o meiner Väter Blut! gerächt bist du! und rings umher verstummt dir der Überwundnen Tod!

THUSNELDA.

Liebenswürdigster! und Geliebtester! ja du hast die edlen Krieger, und ihre Fürstinnen gerächt!

HERMANN.

Wem rinnt deine Thräne, Thusnelda?

THUSNELDA.

Sie rinnt der Freude, und dem Blute, dem der Tod verstummt! Nach einigem Stillschweigen. Aber sage mir, wer sind diese Römer auf den Cohortenlanzen? Sinds Kriegsgefährten Marius? oder ihre Söhne? Wer sind sie?

HERMANN.

Es sind grofse Männer, wenn ungerechte Krieger grofse Männer seyn können.

VALERIUS.

Ich sehe, Hermann! du schmücktest deine Empörung gern mit dem Namen eines gerechten Kriegs!

HERMANN.

Du sprichst unsre Sprache, Centurio?

VALERIUS.

Ja, um besser durch eure Gebirge und Wälder fortzukommen. Hätte Varus die Legionen geführt, wie wir jungen Hauptleute unsre Manipeln, so stünde ich nicht hier!

HERMANN.

Der Sieg war also euer, wenn einer von euch die Legionen führte? Höre, Centurio, eh wir die Gerechtigkeit unsers Kriegs, und eures Kriegs ausmachen, werden erst noch andre Dinge ausgemacht: Ob du, und zwar jezt gleich, sterben sollst? Oder ob ich die Druiden das Todesloos über dich werfen lassen soll? Ob ich dich, als Hüter einer meiner kleinsten Heerden, in eine Hütte, oder nach Rom schikken soll, damit Augustus durch den Ausforscher unsrer Wälder recht genaue Bothschaft von der Schlacht höre?

VALERIUS.

Was nennest du einen ungerechten Krieg?

HERMANN.

Was, wenn ihr nun aus dem Taumelkreise eurer Herrschsucht herausgestossen seyd, was dann Jupiter, die Rache des Donners in der rechten Hand, zehntausend Meilen in den Abgrund hinunter so nennen wird!

VALERIUS.

Nach einigem Stillschweigen.

Ich bin jung; aber du irrst, wenn du glaubst, die Begierde in dem Taumelkreise zu bleiben sey so heiſs bey mir, daſs ich, von ihr verführt, aufhören werde zu reden, wie ich denke. Gerecht ist ein Krieg, wenn ..

HERMANN.

Schweig hiervon. Du sollst bey Wodans Altare von dieser ernstvollen Sache nicht sprechen, von der du ohne das nicht sprechen kannst. Sonst irrst du auch noch so sehr in einer anderen, und die ist, daſs du glaubst, es liege mir daran zu wissen, wie du denkst. Ich habe mit dem Feldherrn, und den Legaten geschlagen. Sie, und die Legionen sind vertilgt; wie kann ich auf das Geschwätz einiger Hauptleute hören, die das Schwert vergaſs?

BRENNO.

Jüngling! käme Scipio selbst aus seinem Walhalla herauf, und träte hier vor uns hin; so antwortete ich ihm, daſs der stärkste und der tiefste Grundpfeiler eurer Gröſse Ungerechtigkeit ist! daſs ein Sturmwind der Götter das Felsengebäu niederstürzen wird: und daſs der dann vielleicht aus dem Norde stürmt!

VALERIUS.

Zu stolzer Sieger! ich bin aus einem Stamm groſser Männer, ich heisse Valerius, und kann ein Feldherr werden, der weder sich, noch seine Legionen vertilgen läſst.

HERMANN.

Und du fühltest nicht, dafs mir der Römer sehr gleichgültig seyn müsse, der an einem Tage, wie dieser ist, seine Zuflucht dazu nimmt, dafs er von künftigen Feldherrn, und von künftigen unzuvertilgenden Legionen spricht? Hättest du mit dieser Valeriusmine, die du hast, (ich kenne euch wohl!) still geschwiegen, wie das Grab, so hätt ich viel anders von dir gedacht. Aber so mufstest du auch sterben! Nun hast du dein Leben gerettet! und bringst die Bothschaft nach Rom!

VALERIUS.

Etwas leise zu Licinius.

Ha er ist fürchterlich stolz, dieser deutsche Jüngling!

LICINIUS.

Ich schwieg, Hermann!

HERMANN.

Wie heissest denn du? Bist du auch aus dem Stamm grofser Männer?

LICINIUS.

Ich heisse Licinius.

HERMANN.

Du willst mich überreden, dafs du Muth zu sterben hast. Aber du wufstest so gut als ich, daſs es das Schweigen nicht allein ausmacht. Du bringst auch Bothschaft!

VALERIUS.

Du überlässest dich dem Taumel deines Sieges sehr, Heerführer der Cherusker!

THUSNELDA.

Ihr Jünglinge von hohem Geschlecht! denn viel andre Vorzüge habt ihr nicht, ihr Jünglinge ohne Wunden! Hermann, der Liebling seines Vaterlands, ist diese drey furchtbaren Tage Heerführer der Deutschen gewesen!

VALERIUS.

Zu Licinius etwas leiser.

Sie hat die hohe Mine einer Römerin.

HERMANN.

Ihr wollt, daſs ich mit dem Stolz euer Triumphatoren, nur leise und einsylbig von meinem Siege reden soll. Vor der Schlacht, red ich niemals; aber nach der Schlacht, rede ich, wie mirs aus dem Herzen zuströmt. Nennt mir ein Volk, das euch besiegt hat, wie wir heut? Die Parther etwa? Mein ganzes Herz dankt den edlen Parthern für ihre Schlacht: aber wie wir fochten sie nicht! Crassus und seine Legionen starben in der Sandwüste von Durste, und so tödteten sie die Parther vollends, die ohne das viel weiter trafen, als sie getroffen wurden. Und wenn euer todtes Heer ja gegen sie vordrang, so flogen sie auf ihren schnellen Rossen davon, und tödteten sogar im Fliehn. Und dann, wenn auch Sandwüste nicht war, und Durst, und ferntreffender Pfeil; waren denn Crassus Legionen wie diese, die nun unten in Teutoburgs Thälern schlafen? Bey deinem Stammvater, Valerius! habt ihr jemals, hat Cäsar selbst so tapfere, und durch die Zucht, und die Kunst, und die Erfahrung des Kriegs so furchtbare Legionen gehabt? Antworte, wenn du kannst! Vielleicht werft ihr mir unsre dicken Wälder, und wasservollen Thäler vor. Aber öfneten sich unsre Wälder nirgends? und bracht ihr nicht gestern durch eine solche Öfnung hervor? und nahmt euch mit blutiger Lanze ein Schlachtfeld, wo ihr euch ausbreiten konntet? Allein duldeten wir euch lange dort? Und mußtet ihr nicht bald wieder in die Eichenschatten zurück? Und mit welchen Waffen thaten wir, was wir gethan haben? Was sind sie gegen die Waffen der Legionen? Wenn unser zu kühnes Volk jemals meine Bitte hört, so sollen unsre Waffen künftig viel anders seyn. Seht nur diese kurzen Lanzen an, und diese leichten bunten Schilde. Sie sind im Walde gehaun, und nicht aus der Erztgrube gegraben. Wenn ihr uns nicht kenntet, so müſstet ihr glauben, wir hätten sie nur zum Kriegstanze! Aber ihr habt uns schon ehmals ein wenig gekannt! und heut habt ihr uns endlich recht vertraut kennen gelernt!

VALERIUS.

Du schmeichelst dir doch nicht etwa, daſs Tiberius säumen werde, mit neuen Legionen zu kommen? Darum rathe ich dir, daſs du deine Bitte um andre Waffen bald erhören lassest.

LICINIUS.

Etwas leise. Willst du sterben, Valerius?

VALERIUS.

Und hofst du denn, daſs er uns leben läſst?

HERMANN.

Du sprichst wieder von dem, was geschehen soll. Weil du so gern vom Künftigen sprichst, so sage mir: Wie wird Augustus die Bothen von Teutoburg aufnehmen? Werdet ihr ihm das neue Kriegslied bey dem Nektar, nach der lydischen Flöte vorsingen? oder ihm bey Livia's geheimsten Hausgöttern die unvermuthete Staatsvorfallenheit ins Ohr anvertraun?

VALERIUS.

Bey dem Nektar, und bey Livia beschliefst er, dafs er diese deutschen Empörer vertilgen will!

HERMANN.

Wird er die Beschliessung selbst ausführen? Höre, Sohn der Valere! bring uns euren grofsen Imperator in unsre Wälder, und du sollst belohnt werden, wie man selten belohnet wird. Einen Blumenschild sollst du tragen! sollst bey dem Opfer nah am Altare stehn! und im Bardengesange soll dein Name tönen! Führt diese Gefangnen zu den anderen, doch legt ihnen keine Ketten an.

VALERIUS.

Lafs uns lieber hier tödten, als unten.

HERMANN.

Erst bringt ihr Bothschaft. Wenn ihr sterben wollt, so kommt mit Tiberius wieder! *Indem sie weggeführt werden.* Bleibt. *Zu Valerius.* Du wärst unten in Gefahr! denn du würdest des Gesprächs zu viel machen!

LICINIUS.

Etwas leise zu Valerius.

Ich mag nicht sterben. Wenn du deinen Freund noch liebst, so schweig nun!

HERMANN.

Wer ist jener Römer in der Fessel, der sich nach dem Walde hinwendet?

BRENNO.

Ich muſs dir meinen Fehler gestehn, Hermann. Ich hätte ihn wegführen sollen. Es ist dein Bruder Flavius.

HERMANN.

Ach! Thusnelda! Siegmars ältester Sohn! Flavius. O hätte dich die Schlacht getödtet! Das wäre mir und dir besser gewesen!

FLAVIUS.

Der sich umkehrt. Denke daran, Sieger! wie ich gegen dich handeln würde, wenn du in Rom so in meiner Gewalt wärst, wie ich hier in deiner bin!

BRENNO.

Zu Flavius. Laſs uns nicht daran denken, wie der Verräther seines Volks gegen seinen Bruder handeln würde! Hättest du ihn von der Begleitung des Triumphwagens befreyt? Doch ich mag deine Antwort nicht hören.

THUSNELDA.

Ach! rett ihn, Hermann!

HERMANN.

Du weiſst, ich kann ihn freylassen. Aber spreche ich ihn dadurch von dem furchtbaren Loose der Druiden los?

THUSNELDA.

Ach! Brenno!

HERMANN.

Ich lasse dich frey, Flavius.

Sein Führer macht ihm die Ketten los.

BRENNO.

Bringt die Loose des Lebens, und des Todes!

HERMANN.

Der von seinem Sitz aufspringt.

Halt noch ein wenig inn, Brenno. Hauptleute! geh einer von euch zu unserm Vater, und rede mit ihm.

BRENNO.

Hermann! würde der verwundete Greis diese Nachricht aushalten?

HERMANN.

Bleib, Hauptmann!

FLAVIUS.

O daſs mein Vater verwundet ist! Du böser Stolz meines Herzens, der mich zu den Römern geführt hat!

BRENNO.

Hattest du etwa Mitleid mit denen unter deinem Volk, deren Blut deine Lanze heut geröthet hat? Bringt die Loose! *Zu einem der Opferknaben.* Was zitterst du, Knabe? Du sollst sie werfen! Lerne früh, daſs man gut ist, wenn man gerecht ist. *Zu einem Druiden.* Führet das Roſs zur Götterfrage in das Schlachtfeld hinab, keins von unsern geweihten, ein Römerroſs, seine Rosse werden ihm schon antworten! Führts über . . Wie viel deines Volks hast du getödtet? rede! wie viel? Führt's über fünf Leichen!

FLAVIUS.

Ach!

BRENNO.

Hast du mehr getödtet, Blutiger? Über neun Leichen! Geh, Druide.

Kedmon bringt einen Helm.

THUSNELDA.

Ach! Hermann! die fürchterlichen Loose!

BRENNO.

Sind sie drinn?

KEDMON.

Sie sind drinn!

BRENNO.

Breitet den Teppich aus, Druiden. Ein weisser Teppich wird ausgebreitet. Wie viel Lebensloose sind drinn?

KEDMON.

Sechs.

BRENNO.

Und wie viel Todesloose?

KEDMON.

Sechs.

BRENNO.

Nimm drey Lebensloose heraus.

THUSNELDA.

Das ist hart, Brenno!

BRENNO.

Gegen einen Hasser seines Volks? und der noch dazu Hermanns Bruder ist. Zu Kedmon. Hast du sie?

KEDMON.

Nachdem er einigemal Loose zurück geworfen, und andre auf den Altar gelegt hat.

Hier sind sie.

BRENNO.

Bewege den Helm, Kedmon.

THUSNELDA.

Wie schreckenvoll klingt dieser Helm!

BRENNO.

Reiche ihn mir. Ich hebe dir die Loose empor, Wodan. Drey sind Rettung. Lafs keines von diesen fallen! Die sechs sind den ruhenden Lanzen gleich; das Eine geworfne gleichet der Blutigen. Gewähr uns ein solches Loos, Wodan, Gott der Schlacht! Denn hier stehet ein Deutscher vor dir, der sein Volk verrieth, und von Sonne zu Mond, noch Einmal von Sonne zu Mond, das drittemal nah mit der sinkenden, wider uns focht, da es uns Allen für die Freyheit bis zum Tode galt, und so Viele, (Thränen euch, die hinwandelten!) Er sieht mit halbem Blicke nach Siegmar. so Viele von uns, der Tod traf! Trit herzu, Knabe! Das Gesicht ganz von den Loosen weg! Greif hinein, und wirf hinter dich!

THUSNELDA.

Nein, nein, ich halt es nicht aus.

Sie geht weg.

HERMANN.

Um dieses Tages willen, Brenno, lafs den Knaben nicht werfen.

BRENNO.

Nach einigem Stillschweigen.

Tragt den Helm weg. Wer kann dir, Hermann, heut nicht gehorchen? Zu einem Druiden.

Ruf hinunter, dafs das Rofs nicht geführt werde.

FLAVIUS.

Der Hermanns Knie umfafst.

Ach, mein Bruder Hermann! Im Weggehn. Rom, Rom! o dafs du mich so fest an dich gekettet hast! Er geht.

HERMANN.

Und mich, o mein Vaterland! sollst du ewig in deinen sanften Banden halten!

THUSNELDA.

Ach Hermann! ach Brenno! nun bin ich wieder ganz glücklich! Er lebt. Was säumen wir, meine Gespielinnen, unser Siegslied zu singen?

HERMANN.

Aber nun sollt ich weggehn, meine Thusnelda!

THUSNELDA.

Soll der grofse Sieger nicht bleiben, Brenno? und hören, wie warm das Herz seines ganzen Volkes von ihm ist? Bleib, mein Hermann! Deine röthere Wange wird die Sängerinn deiner Thaten noch mehr begeistern.

Ich stand am Hange des Felsen, und sah
Hinunterschäumen den Strom, und springen am Strome das Reh,

Da ruften auf Einmal im Thal herauf die Hirten sich zu:
Siegmars Sohn ist wiedergekommen von den Heeren Roms!

Er hatte Spiele der Waffen gelernt,
In den Schlachten Illyriens.
Ans Vaterland! dachte der schöne, heftige Jüngling,
Da er lernte den neuen Lanzentanz!

So fleugt am Haine Semaan durch die jungen Mayen der Donnersturm!
So erschütterte mich die Freude mit ihrem ganzen Ungestüm!
Dank dir noch Einmal, o Hertha, daſs ich damals nicht
Von dem Felsenhange stürzt' und starb!

Leer war sein Köcher, er jagte nach unseren Rehen herauf
Den pfeilevollen Uhr!
Er sah mich stehn! Die Töchter der Fürsten standen um mich!
Er eilte zu mir, und nannte mich das erstemal Braut!

O Tag, dem keiner glich! Nur dieser Tag des Siegs
Gleicht meiner bebenden Freuden Tage!
Heut nennet der schöne, heftige Jüngling mit der blutigen Lanze
Mich wieder das erstemal Braut!

Der Knabe, dein Sohn, stammelt nur erst,
Sonst hätt er schon bey Mana Rache geschworen;
Doch greift er fest in den Griff des Schwerts! Ihr Töchter der Fürsten,
Heut nennt sein Vater mich wieder das erstemal Braut!

EIN CHOR JUNGFRAUEN.

Dieses Tages Waffenklang
Scholl bis in Hertha's Hain!
Hell glänzt der weisse Teppich in dem Graun des Hains!
Sanft wallet der Staub an dem Friedenswagen der Göttinn!

DAS ANDRE CHOR DER JUNGFRAUEN.

Mit Zorne denn! allein begleitet den Wagen Hertha's,
Göttinnen, Töchter Jupiters!
Wie wehet der Teppich! wie tönt der Friedenswagen!
Ihr Töchter Jupiters!

THUSNELDA.

Die Fürstinnen sahn um das Haupt des Triumphators den Lorber schon!
Hörten schon die goldene Fessel klirren!
Ich sah den Lorber nicht! ich hörte die Fessel nicht klirren!
Denn Hermann führte die Deutschen!

Mein Hermann mit dem nervichten Arm,
Der schnelle Jäger, und schnellere Krieger,
Mein Hermann mit dem feurigen Blick voll Todesbefehl
Führte die Deutschen!

EIN CHOR JUNGFRAUEN.

Gern flogen der Deutschen Lanzen den Todesbefehl!
Zu Tausenden schweben nun die Schatten
Aus dem Haine Wodans
Hin nach Minos dunkelm Throne!

Wie, am Ufer der stolzen Elbe,
Der Spreen schwarze Wolke
Vom Gesträuch auftönt!
Zum Gesträuch niedertönt!

BEYDE CHÖRE.

Nicht Schatten, Jünglinge wieder,
Schweben die edleren, welche den Tod der Freyheit starben!
Hinüber nach Walhalla
Zu Lanzentänzen und Siegesmahlen.

THUSNELDA.

Wo Hermann war, da sanken Schaaren
In den schweren Schlummer!
Allein, o ihr, die noch nicht der Schlummer lastete,
Was warft ihr so schnell die Lanzen weg? die Schilde weg?

Täuscht' euch ein Gott? und war der Wodan?
Dafs ihr, mit diesem Todesgeschrey, sich senken den
lezten der Adler saht?
Dafs ihr, wie im Angsttraume der Schlummernden, saht
Die Schreckengestalt der Suewen über den Bergen?

Denn nicht Mitternacht schwebt' im Thal unsrer Schlacht!
Schwarz war nicht des dumpfen Schildes Last!
Wir waren kein grauenvolles Würgerheer
Wie mit Blut bemahlt!

Es strahlte der Tag
In dem Thale der Schlacht!
Und dämmernde Schatten
Zitterten nur im wehenden Haine.

Um Mitternacht halten wir Mahl und Rath!
Und die Barden singen uns Siegsgesang!
Die Krieger singen ihn nach, dann wandelt das Horn des Uhrs umher,
Oder ein Jüngling tanzt das Waffenspiel.

Purpurblumen sind auf dem Schilde
Meines Hermanns!
Blühend ist seine Wange bey dem Fest, blühender in der Schlacht!
Schön flammts ihm von dem blauen Auge, wenn es Tod gebeut!

Tod hats drey Tage geboten,
Ihr blutigen Eroberer, euren Tod!
Habt ihr etwa mit Deutschlands Säuglingen und Bräuten
Mitleid gehabt? ja! euren Tod drey Tage lang!

EINE DER JUNGFRAUEN.

Reich mir den Kranz des heiligen Laubes,
Daſs ich der Fürstinn Hermanns ihn bringe.

EINE ANDRE.

Ich reiche dir den Kranz des heiligen Laubes,
Daſs du der Fürstinn Hermanns ihn bringest.

THUSNELDA.

Empfang von Thusnelda den Kranz des heiligen Laubes,
Befreyer deines Vaterlands!
Ihn nahm mit der goldenen Sichel Brenno
Von des Haines ältesten Eiche!

BEYDE CHÖRE.

Dieses Tages Waffenklang
Scholl bis in Hertha's Hain!
Hell glänzt der weisse Teppich in dem Graun des Hains!
Sanft wallet der Staub an dem Friedenswagen der Göttinn!

Mit Zorne denn! allein begleitet den Wagen Hertha's,
Göttinnen, Töchter Jupiters!
Wie wehet der Teppich! wie tönet der Friedenswagen,
Ihr Töchter Jupiters!

HERMANN.

Thusnelda! meine Thusnelda! Aber das verdiente ich nicht! Du weifst nicht, wie unsre Fürsten gefochten haben. Und hat nicht mein Vater sogar eine Wunde? Geh einer von euch hin, Druiden, und nehme Heilungskräuter mit, und helfe Bercennis. *Ein Druide geht.* Warum säumen die Fürsten? Hast du sie noch nicht zum Siegsmahl eingeladen, Brenno? Ein Siegsmahl, wie unser heutiges seyn wird, hielten wir nie. Augustus ist ein Gott geworden! Ihm mag Hebe den Taumelsaft in der goldenen Schale reichen. Reicht ihr uns nur das rathschlagende Trinkhorn, Jünglinge! und wir, seine sterblichen Besieger, wollen den Gott nicht neiden!

BRENNO.

Ich habe in der grofsen Freude noch nicht daran gedacht, die Sieger einzuladen. Geht, ihr vier Barden dort, in das Schlachtthal hinab. Singt ihnen Brautlieder, indem ihr sie einladet.

Die Barden gehn.

THUSNELDA.

Da die Römer gestern in den Wald umkehren mussten, konnt ich in der Bardenburg nicht mehr bleiben. Mein Köcher klang mir viel zu schön, und meine Pfeile kamen mir viel zu leicht vor. Ich musste fort, und ein wenig unter dem Wilde spielen. Erzähl es den Fürsten, Hermann, dass deine Thusnelda so gut für das Siegsmahl gesorgt hat, als sie dafür, dass es könnte gehalten werden. Aber, wie du, hab ich nicht gesorgt. Ich floh vor einem Uhr, der durch das Gebüsch herab rauschte.

HERMANN.

Zu Brenno. Willst du die Eichen nicht wählen und weihn, dass wir die Denkmahle des Siegs aufstellen können?

BRENNO.

Weihen muss ich sie; aber wählen sollst du sie heut!

HERMANN.

Ich danke dir, Brenno. Wodan ehre dich, wie du mich ehrst! Wenn ich wählen soll, so werd ich unter denen wählen, die nach dem Thale zu stehn. Denn dort hinunter sollen diese Römer auf den Lanzen sehn!

Mich deucht, unsre Denkmahle hier um uns her werden den Fürsten noch mehr gefallen, wenn ich einen Nachtgefährten darunter stelle. Ich nähme gern einen von unsern Cheruskern; aber werden die Fürsten den frohen Blick des Festes behalten, wenn der Nachtgefährt den Cheruskern zugehört?

THUSNELDA.

Nimm ihn, nimm ihn! Du mufst heut stolz seyn, Hermann! Wer darf es denn jemals seyn, wenn du es heut nicht seyn darfst?

HERMANN.

Kennst du den Fürsten der Katten? und der Semnonen? Nur der Fürst der Brukterer wird es dulden, denn er hat einen Adler!

THUSNELDA.

Und hat denn nicht dein Vater bey dem Nachtgefährten der Cherusker geblutet? Geh, Hauptmann, und bring ihn! Der Hauptmann geht. Sie ruft ihn zurück. Hauptmann! den grofsen schimmernden, der auf die festeingezogne Klaue herabsieht, und den Hermann seinem alten Vater aus dem Feldzug in Illyrien mitbrachte! Er geht. Lehre mich diese Römer ein wenig kennen, die nach dem Thal hinuntersehn sollen.

HERMANN.

Papirius Carbo! das ist der tapfre Consul, den wir sehr blutig von Noreja zurücksandten! . . . Lucius Cassius! Auch diesem Consul kam eine unsrer Schlachten sehr ernsthaft vor! . . . Dieser ist Cäsar!

THUSNELDA.

So sah er aus, der stolzeste dieser schwindelnden Eroberer?

HERMANN.

Nachdem er verschiedne angesehn und nicht genannt hat.

Jener ist Marcus Junius Silanus! Auch er und seine Legionen lernten unsre Lanzen kennen! Cajus Manlius! Servilius Cäpio! Wir sind dicht und lang an ihrer Ferse gewesen. Ihre Flüchtigen stürzten in den Rhodan! Aurelius Scaurus! Unser zu jugendlicher Fürst Boler tödtete ihn, weil er zu viel von Künftigem sprach.

VALERIUS.

Hätte mir mein Freund Licinius das Reden nicht untersagt, so würd ich dir eine Frage thun.

HERMANN.

Thu sie.

VALERIUS.

Waren diese grofsen Männer, die du genannt hast, auch ungerechte Krieger?

HERMANN.

Cäsar wars.

VALERIUS.

Du gestehst viel zu. Du scheinst ein gerechter Krieger seyn zu wollen.

HERMANN.

Mehr als scheinen, Römer! Ihr scheint! Ich bin, und ich will seyn (schliefs hiermit deine Bothschaft an Augustus!) ein Krieger für die Freyheit meines Vaterlands; kennst du einen gerechteren? aber auch, denn wie sehr seyd ihr das! ein blutiger! Du siehst, Thusnelda, wie sie die Cohorten zur Rache entflammen wollten, weil sie ihnen diese Bilder gewählt haben.

THUSNELDA.

Künftig also Varus auch mit vor den Cohorten, damit der Reizung zur Rache noch mehr sey! Doch sey du nur wieder vorn unter den Fürsten, Hermann, so wollen wir den Brauttanz ruhig hinter dem Heere tanzen!

HERMANN.

Ich liebe dich, meine Thusnelda, ich liebe dich! Welch einen fröhlichen Tag hab ich erlebt! Ha, Thusnelda, nun können die Bräute wieder Blumenkränze winden! Tanz mir zum alten Liede von Mana! Ein Barde solls singen, und weils Thusnelda tanzt, so will ich auch ein wenig mit drein singen. Du weiſst, daſs ich den Kriegern in der Schlacht besser zurufe. Barden, wurd einer von euch verwundet, da ihr gestern mit euren Beschützern zwischen die Cohorten kamt?

EIN BARDE.

Ich wurde verwundet.

HERMANN.

Komm, wir wollen mit einander zu Thusnelda's Tanze singen.

Auf Moos', am luftigen Bach,
 Saſs Mana mit seinen ersten Waffen,
 Ein röthlicher Jüngling!

Komm, Jägerinn, komm von des Widerhalls Kluft;
 Das Wild ist erlegt! das Wild ist erlegt!
 Er ruft' es, und spült' in dem Bach von des
 Riesen Helme das Blut!

Die Jägerinn kam von dem Felsen herab.
Das Wild lag im Thal! das Wild lag im Thal!
Er spült' in dem Bach von des Riesen Schilde das Blut!

Sie sprang zu ihm hin, wie im Fluge des Pfeils,
Weit über das Wild mit wehendem Haar!
Da sank in den Bach ihm des Riesen Panzer voll Blut!

Der Nachtgefährt wird gebracht, und zwischen die beyden Adler gestellt.

Sie wand das heilige Laub
Dem Jüngling mit seinen ersten Waffen,
Dem röthlichen Jüngling.

HERMANN.

Was meinst du, Thusnelda, wenn die hohen Römerinnen den Nachtgefährten der Cherusker, zwischen der Weser in der Kette, und der Elbe in der Kette, vor den Triumphwagen gesehn hätten?

THUSNELDA.

Sie singt und tanzt.

Die Jägerinn kam von dem Felsen herab
Das Wild lag im Thal! das Wild lag im Thal!
Er spült' in dem Bach von des Riesen Schilde das Blut.

HERMANN.

Wie würden Brenno und Deutschlands Fürsten sich freun, liesse sich mein ehrwürdiger alter Vater, wie kurze Zeit es auch seyn möchte, zum Siegsmahl herauftragen! Denn er hat ja, wie ihr alle sagt, nur eine leichte Wunde. Ich kenne diese Art des Ernstes nicht an dir, Brenno, mit dem du mich ansahst. Warum seht ihr mich alle mit diesem Mitleid an? Es ist ja nur eine leichte Wunde, und dann hat er ein frisches Alter! Und dann ist seine Freude groſs! die allein wird ihn heilen! Hast du ihn gesehn, Brenno? Du antwortest mir nicht? Dein Blick wird ernster! Rede, rede, Brenno, bey Wodan! rede! Redet! wer hat meinen Vater gesehn? Warum seyd ihr so bestürzt? Will mir keiner sagen, ob er meinen Vater gesehen hat? Warum liegt denn meines Vaters Lanze dort unter dem Teppich? Ich nehme sie, bringe sie ihm, und sehe seine Wunde! Sagt den Fürsten, wenn sie kommen, daſs ich dort hingegangen bin!

BRENNO.

Ach! dort sollst du noch nicht hingehn, Hermann!

HERMANN.

Du weinst, Brenno! Ich habe dich nie weinen gesehn! Ich will hingehn! Indem er die etwas hervorragende Lanze schnell aufnimmt, entdeckt er den Todten, wirft seine und seines Vaters Lanze weg, stürzt sich auf ihn, und küſst ihn. Nach ziemlich langem Stillschweigen. Todt ist er? Ach mein Vater! O Wodan, Wodan du gabst mir der Freuden viel. Aber dieser Schmerz ist wütend wie eine Todeswunde. . . . Ach mein Vater! . . . ach mein Vater Siegmar! . . . Wo hat er die Wunde? Er springt auf. Wer warf ihm die Wunde? Ist er todt, der sie ihm warf? ist er todt? . . . Ach mein Vater an diesem Tage . . . du . . . todt! . . . Wer hat ihm die Wunde geworfen? Will mir keiner sagen, wer ihm die Wunde geworfen hat? und ob er todt, todt, todt ist, dieser verhaſsteste unter diesem verhaſstesten aller Völker? dieser lezte unter allen Thronkriechern Augustus?

EIN HAUPTMANN.

Er drängt sich zwischen den andern hervor.

Die Lanze flog. .

HERMANN.

Ha, die Lanze flog, und du stelltest dich ihr zum Tode nicht hin?

DER HAUPTMANN.

Ich war weit von dem hohen Tribun.

HERMANN.

Schweig! Ach mein Vater, an diesem Tage. Hat mein Vater den Sieg erlebt, du dort, der der Lanze nicht entgegen sprang? Sage mir, Brenno, ob mein Vater den Sieg erlebt hat, oder dieser Zögerer muſs sterben!

DER HAUPTMANN.

Wenn du noch Ein solch Donnerwort sprichst, so sieh nur her! Er legt sein Cohortenbild nieder, und weist auf seine Lanze. sieh her! sie kanns auch! und dieſs Herz hier fürchtet sie nicht!

BRENNO.

Ja, Hermann, dieser ehrenvolle Mann, der nun in Walhalla ist, hat den gröſsten unsrer Siege erlebt!

HERMANN.

Hat seinen Sieg erlebt! Reiche mir deine Hand, Hauptmann, du bist unschuldig. Du weinest gewiſs mit mir über unsern Vater! Aber ist der Tribun todt?

DER HAUPTMANN.

Ob er todt ist? Meinst du, daſs von dieser Lanze kein Blut in den Bach floſs?

THUSNELDA.

Ach mein Hermann! dein edler Vater!

HERMANN.

Bringt mir diese Römer weg, sie sollen meinen todten Vater nicht sehn! *Indem er schnell auf Valerius zugeht.* Ha Valerius, bist du eines Tribuns Sohn?

VALERIUS.

Mein Vater war kein Krieger.

HERMANN.

Das gab ihm Jupiter ein, seiner Kinder Leben zu retten, daſs er kein Tribun ward! Geh! *Sie werden weggeführt.* Ach Siegmar! Mein Vater Siegmar! Und todt lagst du schon damals hier, als ich mit allen Freuden des Sieges herauf kam? todt hier, als über Flavius das Todesloos nicht geworfen ward? Aber deins haben die Götter, um Wodan her versammelt, geworfen! Fürchterlich hat Wodans hohler Schild geklungen, als ihn die Götter mit den Loosen darinn schüttelten. In Wolken hüllte sich Hertha, grif in den Schild, und warf, und Tod fiel aus ihrer Hand! Denn sonst wäre deine Lanze, Tribun, von meines Vaters Blute nicht blutig geworden!

BRENNO.

Wenn du wüſstest, mit welchen Freuden über unsern Sieg dieser groſse Mann, der dein Vater, und der Freund meiner Jugend war, den Tod herankommen sah, so trauertest du nicht.

HERMANN.

Wie starb mein Vater? Schweig! ich will es nicht hören. Ich halte seinen Anblick nicht mehr aus. Deckt ihn zu. . . . Nein! nicht mit dem Teppiche, deckt ihn mit den Adlern zu! . . . Nein, nicht ihr! Gebt mir die Adler. Er wirft sich nieder und küſst ihn, und bedeckt ihm das Gesicht mit den Adlern. Indem er aufsteht. Ach Wodan, und all ihr Götter! der älteste, und der kühnste, und der furchtbarste deiner Krieger, o mein Vaterland! hat diese Adler nur in der Schlacht, und nicht hier gesehn!

SIEGMUND.

Nicht Er, ich hätt in dieser Schlacht sterben sollen; ich allein unter allen Söhnen der Fürsten!

HERMANN.

Brenno! du Freund seiner Jugend, begrab ihn bey einer der Eichen, die ich für die Adler wählen werde. Welcher ist der Adler der Legion, unter der der Tribun war?

DER CHERUSKER.

Dieser.

HERMANN.

Brenno! bey der Eiche dieses Adlers! Ach! mein Vater Siegmar! an diesem groſsen Triumphtage!

BRENNO.

Der der schönste seines Lebens war, auch deſswegen, weil er sein lezter war! . . . Geht hinunter zu den Fürsten, und sagt ihnen, daſs heut kein Siegsmahl ist.

Einige Druiden gehn.

HERMANN.

Ja! und daſs der, welchen sie zu ihrem Feldherrn erhuben, den schönsten Tag seines Lebens mit Trauren endiget!

BRENNO.

Hat es denn nicht Wodan gethan, Hermann?

HERMANN.

Meinest du, daſs ich Wodan nicht verehre, weil ich traure? Warum verbargst du mir seinen Tod, Brenno? Warum liessest du mir zu, daſs ich mich freute?

BRENNO.

Dein Vater wollte es so, als er starb. Mein Sohn Hermann soll erst das Siegsmahl halten! sagte er. Es war sein leztes Wort.

HERMANN.

O du bester aller Väter!

ZWÖLFTE SCENE.

WERDOMAR und sein Sohn.

DER KNABE.

Wo ist denn mein Schild, und meine Lanze? Führe mich nicht, ich wanke nun nicht mehr. Nur ist mirs noch ein wenig dunkel vor den Augen. Wo ist meine Lanze? und der Römerhelm, den ich nahm? Wer ist denn das dort? Ach Hertha! es ist Hermann! Indem er zum Hermann hineilt, wankt er. Er sinkt bey Hermann nieder, und küſst ihm sein Schwert, und hälts mit beyden Händen. Ach Hermann, Hermann, dich seh ich wieder! Bist du auch verwundet, Deutschlands groſser Heerführer?

HERMANN.

Brenno! was will dieser Knabe mit dem trüben kühnen Auge?

BRENNO.

Etwas leise. Ich habe den Göttern für ihn gedankt. Er ist in der Schlacht gewesen! Er ist zum Tode verwundet!

DER KNABE.

Warum sagst du es nicht laut, was du zu Hermann sagst? Darfs Hermann nicht wissen, daſs ich in der Schlacht gewesen bin? Hab ich armes Kind nicht genung darin gethan? Hab ich denn nicht eine heisse Wunde hier? Schämt sich Hermann meiner? Warum sagst du nicht laut, was du sagst?

HERMANN.

Hat mein Vater diesen Knaben in der Schlacht gesehn?

BRENNO.

Nein, aber ich hab es ihm erzählt.

HERMANN.

Nun so sieht ihn sein Geist von der Abendwolke! Knabe! Bruder meines Sohns! wenn mein Sohn deiner würdig wird, wie liebe ich dich!

Er hebt ihn in die Höhe und küſst ihn.

DER KNABE.

Ach Hermann!

SIEGMUND.

Der sich schnell naht.

Lafs mich ihn auch küssen, Hermann. Nein, nein, Er trit zurück. ich bin unter den Römern gewesen!

HERMANN.

Bey dem Blute, das ich an deiner deutschen Lanze gesehn habe, küfs ihn! Siegmund bückt sich nieder und küfst ihn auf die Stirne. Ihr Götter, welch ein Tag ist dieser! und Siegmar ist todt!

DER KNABE.

Ist Siegmar todt?

THUSNELDA.

Mein edler Sohn! siehst du es denn nicht, dafs er dort unter den Adlern liegt?

DER KNABE.

Ach so haben wir denn die Adler! Mein Auge wird manchmal so dunkel. Aber ich mag ihn auch nicht sehn. Darf ich mich wohl noch ein wenig an deinem Schwert halten, Hermann? denn ich wanke wieder so sehr. Wie ist mir denn jezt wieder? und wo bin ich denn wieder?

WERDOMAR.

Da sieh mein Sohn! da hast du deine Lanze, und deinen Schild, und den Römerhelm, den du nahmst!

HERMANN.

Ist er dein Sohn, Werdomar?

WERDOMAR.

Er ist mein Sohn.

HERMANN.

Glücklicher Vater!

WERDOMAR.

Ach ich werde bald . .

DER KNABE.

Ja, das ist meine kleine schöne Lanze! Ha, du Mähnenbusch, wie wehtest du in der Schlacht! Nein! nein! das ist meine Lanze nicht! Das ist das Schwert des Centurio, welches er mir in die Brust stieſs!

WERDOMAR.

Ach bald werde ich ein so unglücklicher Vater seyn, als du ein unglücklicher Sohn bist.

BRENNO.

Verzeih es seinem Schmerze, daſs er dich unglücklich nennt. Das bist du nicht. Denn dein ehrenvoller Vater ist aus der gröſsten unsrer Schlachten nach Walhalla gegangen.

HERMANN.

Wie ist der kühne Knabe umgekommen?

DIE BEYDEN ANDERN KNABEN.

Ein Centurio wollte sinken . .

HERMANN.

Knaben! seyd ihr auch in der Schlacht gewesen?

BEYDE.

Ja!

EINER.

Aber wir sind unschuldig; wir konnten ihn nicht zurückhalten! Ein Centurio wollte sinken, da rannte er ihm mit seiner Lanze gerade nach dem Herzen zu, und traf ihn auch; aber der Centurio riſs die Lanze heraus, und stieſs sie ihm in die Brust; allein er nahm dem Römer doch den Helm, so sehr er auch selbst blutete.

HERMANN.

Ach daſs mein Vater diese Knaben nicht sieht! Kühne Knaben! ihr helft meines Vaters Tod rächen! Ihr Blumen des Vaterlands, ihr seyd dann vorn, und fechtet mit den Veteranen! Wo sind eure Lanzen?

EINER.

Sie sind auch blutig geworden, aber die Schlacht ward auf Einmal so heiſs, daſs wir sie nicht wiederfinden konnten, und die groſsen Lanzen konnten wir nicht werfen.

DER ÄLTESTE.

Das ist nur ein Spiel, über diesen Bach zu springen, denn ich will meine Lanze an dem Felsen drüben wetzen. Mein Vater, bitte du Brenno, daſs er mir nur drey Blätter des heiligen Laubes in die Locken flechte! Nun so weht nur ohne heiliges Laub, meine Locken! Aber blutig soll Hermann, soll Siegmar, soll Brenno, sollen alle Hauptleute der Narisker, soll Thusnelda, sollen alle Hauptleute der Semnonen, blutig sollen sie meine Lanze sehn. Ach! ach! welch ein Schmerz! Aber wo bin ich denn? Welcher Todte liegt dort, auf den die Adler aus der Wolke heruntergestürzt sind? Tanzt zum Siegsliede, Knaben! Das sind die Adler Wodans! Das ist Varus! das bist du Varus, auf dem die Adler sitzen. Nein! nein, er ist es nicht, er lebt noch! dort stehet er! Er weist auf Hermann. O du Römerfeldherr! warum sitzen Wodans Adler nicht auf deiner Leiche? Ha, nimm nur dem Centurio sein

Schwert, und stöfs es mir noch einmal ins Herz! Wie kriegerisch tönen die Hörner der Barden! Ich will auch singen, Barden! Ich kann nun nicht wieder in die Schlacht gehn.

Er bemüht sich zu singen.

Ha! ihr Cherusker, ihr Katten, ihr Marsen, ihr Semnonen!
Ihr festlichen Namen des Kriegsgesangs!

O Schmerz in meinem Herzen hier!

THUSNELDA.

Kaum halte ichs länger aus, Hermann! Druiden, habt ihr denn gar keine Heilungskräuter für ihn?

BRENNO.

Er stirbt ja schon, Thusnelda.

DER KNABE.

Einen Blumenschild hast du, Varus? Wem hast du den Blumenschild genommen, Tyrannenfeldherr? Ihr Götter, das ist ja Hermanns Schild! Ist Hermann todt? Nun, so will ich auch sterben!

HERMANN.

Bringt ihn mir her, dafs ichs ihm recht sagen kann, dafs ich lebe.

Er setzt sich.

DER KNABE.

Zu Varus schleppt ihr mich hin? zu Varus?

HERMANN.

Der ihn in seine Arme nimmt.

Guter, kühner, tapfrer, liebenswürdiger Knabe! ich bin Hermann, und ich lebe. Sieh her! dieser ist mein Schild, der Schild, den mir Thusnelda gab, da sie meine Braut war.

DER KNABE.

Ja! das ist der schöne Schild mit den Purpurblumen! Aber bist du Hermann?

HERMANN.

Kennest du meine Stimme nicht? Ich bin Hermann, und ich sage dir mit dieser Stimme, die du kennst, daſs ich dich sehr lieb habe! und daſs ich dir danke, daſs du in der Schlacht gewesen bist!

DER KNABE.

Ach! du bist Hermann! und nicht Varus. Hermann küſst ihn. Warum weinest du denn, da du doch gesiegt hast?

HERMANN.

Sprich etwas weniger, mein Liebling, mein Kriegsgefährt, mein Sohn! Wenn du zu viel sprichst, so blutet deine Wunde wieder.

O Brenno, könntest du mir sagen, daſs du Hofnung hättest!

DER KNABE.

Ich will dir gern gehorchen, du groſser Feldherr Deutschlands! denn ich trage heut meine ersten Waffen.

HERMANN.

Du bist nicht mehr, mein Vater! ach, und ich kann mit dir nicht mehr von den Freuden reden, die ich habe!

THUSNELDA.

Wenn nur dein Herz erst nicht mehr von dieser heftigen Wehmuth fortgerissen wird; so rede ich mit dir von den Freuden dieses Tages, und vornämlich von dieser gröſsten unter ihnen, daſs dein Vater an diesem Tage so altdeutsche Thaten gethan hat. Hermann willst du nicht seinen unsterblichen Namen im Bardenliede hören? Singt, Barden, sein Stillschweigen scheint es zu erlauben.

ZWEY CHÖRE.

O Vaterland, o Vaterland!
Du warst ihm mehr als Mutter, und Weib, und Braut,
Mehr als sein blühender Sohn
Mit seinen ersten Waffen.

Du warst ihm die dickste, schattichste Eiche
Im innersten Hain!
Die höchste, älteste, heiligste Eiche,
O Vaterland!

ZWEY STIMMEN.

Die Blum' auf dem Schilde Siegmars,
Da auf sie das Blut des Todes trof,
Da ward sie schön wie Hertha,
Im Bade des einsamen Sees!

ZWEY CHÖRE.

Die Cherusker haben gesehn, daſs des Schildes Blume sich röthete
Von Siegmars Todesblute,
Sie haben an Hertha's geweihtem Wagen gestanden, und die Göttinn gesehn
Im Bade des einsamen Sees.

HERMANN.

Der den Barden mit der Hand gewinkt hat.

Brenno!

Einst seh ich, daſs diese Purpurblumen sich röthen
Von meinem Todesblute!
Dann steh ich an Hertha's geweihtem Wagen, und sehe die Göttinn
Im Bade des einsamen Sees.

Weine nicht, Thusnelda! denn dazu hat mich meine Mutter gebohren. Fahrt fort, Barden.

EIN BARDE.

Einst sieht Hermann, dafs seines Schildes Blume sich
röthet
Von seinem Todesblute!
Dann steht er an Hertha's geweihtem Wagen, und
siehet die Göttinn
Im Bade des einsamen Sees.

DREY CHÖRE.

Siegmar, du starbst fürs Vaterland!
Nun bringt dir in dem kühlsten der Haine Walhalla's
Dir, der wieder Jüngling ward,
Die ersten Waffen Thuiskon!

Dir singen nach die Barden an Wodans und Hertha's
Altar,
Entgegen dir die Barden Walhalla's!
Ohne deinen Namen wäre den Barden hier,
Ohn ihn den Barden dort die dankende Saite
stumm!

ALLE.

Und hast du bey Waffentänzen und Siegesmahlen
Die zweyte lange Jugend gelebt,
So nimmt dich auf in seinen strahlenden Hain
Allvater!

DER KNABE.

Sind diese Schatten um mich her die Schatten der Haine Walhalla? Und sind es die

Barden dieser Haine, die von Siegmar singen? Haben die Römer meinen Vater auch zu ihren Chören . . .

DREYZEHNTE SCENE.

EIN MARSER HAUPTMANN, der einen losgerissnen Adler trägt, und ein CHERUSKER HAUPTMANN.

DER MARSE.

Ich habe dem Römer die Todeswunde geworfen! und dieser Cherusker Jüngling hier streitet mirs, dass uns Marsen der Adler zugehöre!

DER CHERUSKER.

Hermann! Hermann! o du bester Fürst unsers Volks! der Adler ist unser! Ich rannte dem Träger den Spiess in das Herz!

DER MARSE.

Ja, ja, aber viel zu spät, da der Römer schon hinschlummerte, da! Sprich nur nicht viel mehr, du Jüngling, der nur von der Jagd, und nicht von der Schlacht sprechen sollte, dieser fürchterlichsten von allen unsern Schlachten. Schweig, sag ich! Den Marsen, sag ich! gehört der Adler! und nicht den Cheruskern!

BRENNO.

Wüte nicht so, Hauptmann! Siehst du nicht, daſs Siegmar hier todt vor uns liegt?

DER MARSE.

Ist er todt, so kann er die Schlacht in Walhalla erzählen! Wenn du den Adler deinen Cheruskern zusprichst, Hermann, so eile ich hin, und erzähle dort mit Siegmar! erzähle, daſs du sehr ungerecht gegen die Marsen gewesen bist!

DER CHERUSKER.

O Siegmar, du Krieger, wie Mana war! Dieser stolzeste, dieser ungerechteste unter Marsens Jünglingen, will mir den Adler nehmen, der dir gehört!

HERMANN.

Sprecht mir diesen theuern Namen nicht wieder aus, Jünglinge! Mein Herz blutet wenn ich ihn höre. *Zu dem Marsen.* Du warfst die Todeswunde? und hast den Adler?

DER CHERUSKER.

Näher bey die Schulter warf er; ich stieſs in das Herz! Glück wars, und nicht mehr Schnelligkeit, als ich habe, daſs er ihn zuerst ergriff. Ich rang ihn dir aus deiner schwächeren Faust; machte mich die Wut über deine

Ungerechtigkeit nicht kraftlos! Bleich, wie die Espe bey den Grabhügeln, ward ich! Du hast es gehört! Sie sagten es laut die Hauptleute, die um uns her standen! . . . Siegmar! Siegmar! der Adler gehört unserm Volke zu!

DER MARSE.

Ha! ich habe den Adler! ich hab ihn! das ist genung! Sprich du nun von der Todeswunde, bis der Mond untergeht!

HERMANN.

Hauptleute! ich freue mich, daſs ihr uns mit dieser ungestümen Hitze siegen halft, aber reden müſst ihr anders; sonst kann ich nichts entscheiden, und der Adler wird bey dem Altare niedergelegt, bis ich euch wieder zu mir rufe.

DER MARSE.

Verzeih mirs, wenn ich nicht rede, wie ich soll. Aber todt, todt will ich lieber seyn, als den Adler lassen, den ich genommen habe. Deine Cherusker taumeln heute vor Stolz! Was brauchen sie Adler? Sie haben dich!

DER CHERUSKER.

Ja! Hermann haben wir! und den habt ihr nicht! und der Adler ist auch unser, du wütender Jüngling! Ich habe den Römer getödtet!

DER MARSE.

Du ihn getödtet? O daſs du hingeschlummert wärst, wie er hinschlummerte, da Ich ihn tödtete!

HERMANN.

Brenno! . . . o Brenno! wie würde mir dieser Streit gefallen, wenn ihn der ehrenvolle Greis dort erlebt hätte, und ihn entschiede! Itzt nimmt mein Herz zu wenig Antheil daran. Untersuche du ihn, Brenno.

BRENNO.

Hauptleute! Ihr seyd bey dem Altar! und dort ist Siegmar! und hier Hermann! Redet nicht mehr mit einander! Antwortet mir.

DER MARSE.

O Priester Wodans! wenn ich an dieſs Alles denken muſs, so laſs mich zu unserm Fürsten hinuntergehn, aber mit dem Adler! Wenn er ihn den Cheruskern zusenden will. Er kann thun, was er will! und ich auch, was ich will!

BRENNO.

Und was würdest du denn thun?

DER MARSE.

Durch Hülfe dieser Lanze, die den Adlerträger mit seinem Todesblute gefärbt hat, hingehn, und Wodan, und Mana, und Siegmar fragen, wessen Forderung gerechter war.

BRENNO.

Sank der Römer gleich hin, da du ihn getroffen hattest?

DER MARSE.

Er hatte den Adler an den Gürtel befestigt, und liefs sich zwischen Sträuchen in das Wasser. Ich warf, und sah gleich die Todesblässe in seinem Gesicht.

DER CHERUSKER.

Die kam erst, als ich ihm gleich darauf meine Lanze ins Herz stiefs. Ich rief gleich: Der Adler ist mein! Denn er war mein! Wir zogen den Römer zugleich aus dem Wasser. Da über unserm Ringen der Gürtel rifs, rang mir dieser Marse den Adler aus der Hand, weil ich zu sehr vor Zorn zitterte!

DER MARSE.

Meinest du, Brenno, dafs ich nicht auch zornig war?

HERMANN.

Heb Varus Schild auf, Thusnelda. *Zu dem Cherusker.* Lebt dein Vater noch, Hauptmann?

DER CHERUSKER.

Er lebt.

HERMANN.

Geh zu deinem Vater, und sage ihm von mir, dafs ihm sein Weib einen edeln Sohn gebohren hat! Nimm diesen Schild mit! Er ist dein!

DRR CHERUSKER.

Du hast ein fürchterlich Urtheil gesprochen, o Hermann!

DER MARSE.

Dank dir im Namen meines Volks, gerechtester und tapferster unsrer Fürsten!

HERMANN.

Gieb ihm den Schild, Thusnelda. Einige unsrer Kühnsten sind nah dabey gestorben, Hauptmann!

DER CHERUSKER.

Ich mag den Schild nicht! Er war nur Varus Stolz; und würde nur meiner seyn. Der Adler war der Stolz der ganzen Legion! und würde der Stolz unsers ganzen Volks gewesen seyn! Er geht.

HERMANN.

Dieser edle Jüngling ist künftig mein Kriegsgefährt! Bewahrt ihm den Schild, Hauptleute!

DER MARSE.

Er verdiente von dir, Hermann! und so belohnt zu werden!

THUSNELDA.

Ich, und meine Jungfrauen bewahren ihm den Schild. Bey dem ersten Brauttanze des Frühlinges soll er ihn nicht verschmähn.

Sie giebt ihn einer ihrer Jungfrauen.

DER MARSE.

Thusnelda! Belohnerinn der Tapfern! ich vertraue dir den Adler an, steige die Klippe hinab und sage meinen Marsen, daſs er unser ist.

THUSNELDA.

Reich ihn mir her, Hauptmann! Der Marse geht. Das sind gute Jünglinge, Hermann! Und dieser Adler ist schön. Sieh, wie er schwebt, Hermann!

HERMANN.

Ja Thusnelda! Aber Siegmar sieht ihn nicht! Horst kömmt zurück. Wie ist dirs gegangen, Horst?

HORST.

Er liegt unter seinen Turmen! Denn ich hatte Lust zu sterben! Nun weiſst du, ich seh ihn dort wohl, den ich blutig heraufführte!

nun weiſst du, warum ich Lust zu sterben hatte.

HERMANN.

Ach Horst! Ja, das ist mein Vater! Doch ich muſs mich von diesem bitteren Schmerze losreissen, wenn ich kann. Focht Vala vorn? oder bey den lezten Turmen?

VIERZEHNTE SCENE.

BERCENNIS.

Ach dort! . . Nun darf ich kommen. Nun weiſst du, daſs Er todt ist!

HERMANN.

Ach, meine Mutter! Er ist todt!

BERCENNIS.

Wir haben Gefangne, Sohn!

HERMANN.

Ach, dort unter den Adlern!

BERCENNIS.

Wir haben viel Gefangne! Vier Tribune! Zwanzig Centurione, und mehr als Zweyhundert andre Tyrannensklaven!

HERMANN.

Meine arme Mutter, wie wirst du geweint haben!

BERCENNIS.

Geweint? Ich hörts, und mein Auge starrte hin! . . . Sie hauen die Tannen schon um zu seinem Todtenfeuer. Ich lasse dieſsmal der Tannen viel mehr als sonst in den Bach stürzen!

HERMANN.

Ich habe wie du gelitten, meine Mutter!

BERCENNIS.

Vier! sage ich, und Zwanzig! und Zweyhundert! Verstehest du nicht, was die von dir fordert, deren Auge nicht geweint hat? und die sein Weib, und deine Mutter ist?

Thusnelda legt vor Schrecken den Adler vor sich nieder.

HERMANN.

O du Weib seiner Jugend! und meine theure Mutter!

BRECENNIS.

Sie sollen doch nicht etwa leben?

HERMANN.

Wie kann ich die tödten, die nicht mehr streiten?

BERCENNIS.

Die unsre Knaben erwürgt, die unsre Jungfrauen gezwungen haben, daſs sie gegen ihr eignes Leben wüteten, die Ihn getödtet haben! die lägen nicht um seine Leiche her in dem Dampfe des Todtenfeuers?

HERMANN.

Ich kenne Wodan! und ich weiſs, daſs er das Mitleid liebt! Und dieſs rufet mir mein Herz laut zu!

BERCENNIS.

Und ich weiſs, daſs die Göttinn der Rache mit glühendem Blicke geschworen hat, daſs kein Römer leben soll, der den Bluttritt in unsre Haine wagt!

HERMANN.

Ich zücke das Schwert gegen waffenlose Krieger nicht!

BERCENNIS.

Siegmar! *Sie geht auf die Leiche zu.* Ach er ist todt! Siegmar! dein Sohn will dein Blut nicht rächen!

HERMANN.

Ich will es rächen, aber an den neuen Legionen!

BERCENNIS.

Weh mir! Leben sollen diese Tyrannensklaven?

HERMANN.

Ja, und deine Sklaven seyn! deine Heerden hüten! deine Hürden tragen! dir den Bach leiten! den Strauch durchhauen! diese Söhne der hohen Geschlechte! diese künftigen Senatoren!

BERCENNIS.

Diese künftigen Feldherrn! denn frey lässest du sie auch! die wiederkommen, und mich und dich zu ihren Triumphwagen fortschleppen!

HERMANN.

Wegen der Triumphwagen hat diese Schlacht gesorgt! und sie wird weiter sorgen!

BERCENNIS.

Lebend soll ich die vor mir sehn, die deinen Vater getödtet haben? Liegt etwa den andern Völkern Deutschlands unten ein Siegmar in Blute? und doch müssen ihre Gefangne sterben! Ja! wenn diese Söhne der Fabier aus ihrem Schattenreich herauf wandeln, und mir dienen müſsten, dann! . . Lebend sie? Druiden! Wo sind die Fürsten? Sie lebend? die in unsre Haine das Richterbeil trugen! die deinen Vater in sein leztes Blut stürzten!

HERMANN.

Bey Mana! meine Mutter, ich tödte die entwafneten Römer nicht!

BERCENNIS.

Dank sey's Hertha, dafs ich nicht vor dir niedergefallen bin! denn ich wollt's thun, du Unerbittlicher! Unerbittlicher gegen dein Volk! und deine Mutter! und deinen todten Vater!

Sie geht.

HERMANN.

Nach einigem Stillschweigen.

Nein! ich halte diesen Anblick nicht mehr aus! Entfernt meines Vaters Leiche von mir!... Legt die Adler auf den Altar! . . . Eilt! . . . Du Horst, und dreyhundert Cherusker ihr umringt diese Nacht den Felsen. Du sollst bey der Leiche stehn! Ich kann jezt die Eichen nicht wählen, Brenno.

BRENNO.

Nachdem die Leiche weg ist.

Druiden, deckt meinen todten Freund mit einem weissen Teppiche zu!

HERMANN.

Ruf mir, Brenno, wenn du wieder opferst; so will ich die Eichen wählen! Ich kann jezt hier nicht mehr weilen! Ich bin immer noch dem Todten zu nah! Er geht hin und her. Du sollst gerächt werden, mein Vater! ja du sollst gerächt an den neuen Legionen werden! an allen ihren Tribunen! und Legaten! und Feldherrn! . . . Ha, an ihren hohen Tribunen gerächt mit Todesrache! Horst! eile, fleug hinunter zu den Cheruskern, und sag ihnen, ruf es ihnen laut zu, daſs es alle, alle wissen! Dieſs ruf unter die blutigen Lanzen hinein: Wenn ihr auf dem Altarfelsen die Hörner wüten hört, und singen hört aus Wodans Gesang, dann schwören Hermann, und alle die um ihn sind, bey dem Schwert, zu rächen Siegmars Tod an allen Römern, die kommen werden! Schreckliche, nie vergessende, nie verzeihende Rache, Blut oder Ketten, schwören wir bey dem Schwert! Eile nun gleich fort, und komm eben so schnell zurück! Hermann reiſst einem Barden das Schwert von der Seite. Horst! bring Segest dieſs Schwert von mir! Horst geht. Ha das erluftet mein Herz, daſs wir Cherusker dieſs schwören. Er geht hin und her. Nein, nein! das ist noch nicht genung! Werdomar, trit ganz auf dem Felsen vor, und rufs in das Thal hinab den Fürsten Deutschlands zu, dafs kein Schonen seyn soll! und dafs wirs bey dem Schwert schwören!

Der Marse kömmt zurück. Er nimmt den Adler wieder.

WERDOMAR.

Zu einem Barden. Komm du! dein Horn wütet! komm! Indem er den Barden schnell mit sich fortführt, etwas leiser. So stell dich! so! Blas' itzt ins Thal hinunter. Kriegsgeschrey, Barde! Nachdem der Barde geblasen hat. Ihr Sieger! ihr Rächer! ihr Fürsten Deutschlands! wenn hier die Hörner wüten, hier oben bey dem Altar, wenns tönt aus Wodans Gesang, dann schwört Hermann bey dem Schwert! schwört Siegmund! schwört der Brukterer, der den Adler nahm! der Marse, der den Adler nahm! schwört der Cherusker, der den Adler nahm! schwören alle Jünglinge mit den Cohortenlanzen! alle Kriegsgefährten Hermanns! schwören alle Cherusker bey dem Schwert! bey dem Schwert! zu rächen! an den neuen Legionen! Siegmars Tod! der ein Mann des Vaterlands war! ein ganzes Heer! Er, der Eine! mit nie vergessender, nie verzeihender Rache! durch Fessel, oder Blut! zu rächen! Siegmars, Siegmars Tod! Siegmars Tod!

HERMANN.

Werdomar! so in Walhallaton hat mir nie eins deiner Lieder geklungen! Beschliefs es auch, o Wodan, was wir beschliessen!

HORST.

Hermann! alle deine Cherusker haben ihre Hand an das Schwert gelegt! Sie drücken fest am Griffe, und werfen glühende Blicke der Rache umher!

Die Barden erheben auf Werdomars Wink ihre Hörner.

HERMANN.

Noch nicht, Werdomar, noch nicht. Die Fürsten Deutschlands müssen es erst ihren Heeren zurufen.

HORST.

Seyd ihr alle meine Zeugen: Ich trage diesen Blutring bis an meinen Tod!

HERMANN.

Halt Einer meinem jungen Kriegsgefährten dort ein Schwert in der Hand! Er solls auch schwören! Vielleicht lebt er; und wenn nicht . .

WERDOMAR.

Ach, wie kann er? Seine Hand sinkt, und ist schon kalt vom nahen Tode!

HERMANN.

Wenn denn nicht, so erzählt er Siegmar, was er mit geschworen hat.

Sein Vater hält ihm das Schwert.

DER KNABE.

Was soll das schwere Schwert hier? Ist es das Schwert des Centurio? Will mich der blutige Mann vollends tödten?

WERDOMAR.

Hörtest du nicht, du lieber Sohn, was ich hinunterrief? Du sollst das auch bey dem Schwerte schwören. Hermann hats geboten.

DER KNABE.

Ja, ich hörte es wohl, wie du auf der Harfe herunter rauschtest, und meiner Mutter ein Siegslied vorsangst.

HERMANN.

O Wodan! Wodan! beschliefs es auch! Nun, nun, Werdomar, nun!

So lange die Barden singen, halten alle das Schwert in die Höh.

Wodan! unbeleidigt von uns,
Fielen sie bey deinen Altären uns an!
Wodan! unbeleidigt von uns,
Erhoben sie ihr Beil gegen dein freyes Volk!

ANMERKUNGEN.

Wodan! unbeleidigt von uns,
Fielen sie bey deinen Altären uns an!
Wodan! unbeleidigt von uns,
Erhoben sie ihr Beil gegen dein freyes Volk!

ANMERKUNGEN.

Bardiet ... (*barditus.* Tac. Marcell. Veget.) Barde, Bardiet, wie Bardd, Barddas, in derjenigen neuern celtischen Sprache, die noch jezt in Wallis gesprochen wird, und mit der unsre älteste vermuthlich verwandt war. In jener bedeutet Barddas die mit der Geschichte verbundne Poesie. Wir haben Barde nicht untergehen lassen, und was hindert uns, Bardiet wieder aufzunehmen? Wenigstens habe ich kein eigentlicheres und kein deutscheres Wort finden können, eine Art der Gedichte zu benennen, deren Inhalt aus den Zeiten der Barden seyn, und deren Bildung so scheinen muſs. Ohne mich auf die Theorie dieser Gedichte einzulassen, merke ich nur noch an, daſs der Bardiet die Charaktere und die vornehmsten Theile des Plans aus der Geschichte unsrer Vorfahren nimmt, daſs seine seltneren Erdichtungen sich sehr genau auf die Sitten der gewählten Zeit beziehn, und daſs er nie ganz ohne Gesang ist.

Nach Tacitus hatten unsre Vorfahren keine andre Annalen als ihre Gedichte.

Die nördlichern Barden, die Skalden, gingen vornämlich deſswegen mit in die Schlacht, um die Thaten selbst zu sehn, die sie besingen wollten.

Es ist nicht wahrscheinlich, daſs die Barden, die viel mehr lyrische Gedichte als andre machten, und die zugleich

Sänger waren, (κοιηται μελεων, ὑμνηται. Strab. Diod.) ihre andre Gedichte allein für die Deklamation gemacht hätten.

Wodan ... Unsre Vorfahren, die Scythen, hatten in den ältesten Zeiten weder Untergötter, noch Halbgötter. Sie verehrten Einen Gott. Ihre Colonien in Europa änderten den Begriff von dem höchsten Wesen durch Zusätze, obgleich nicht so sehr, als die Verehrer Zevs oder Jupiters. Sie glaubten auch Untergötter und Halbgötter. Weil sie den Krieg über alles liebten, so stand ihnen der oberste Gott vornämlich auch im Kriege bey. Aber er war ihnen nicht Mars. Thor oder Thur war es auch nicht, ob er gleich kriegrisch und ein Beschützer der Untergötter war. Man muſs diesen nicht mit Jupiter vergleichen, weil er den Donner auch führt. Er führt ihn, als der Gott des Wetters und der Fruchtbarkeit. Der eigentliche Kriegsgott war der Untergott Tyr. Den Ersten unter den Göttern nannten die scythischen Colonien, in verschiednen Zeiten und Gegenden: Wodan, (die Sachsen und Longobarden. *Paulus Diac.*) Godan, Gondan, (Cluv.) Wodden, (Edda) Woden, (Beda) Odin, Oden, (Edda. Man weiſs nicht, ob sich der Eroberer Scandinaviens, den Namen Odin selbst gegeben, oder ihn erst nach seinem Tode bekommen hat.) Eowthen, (die Angelsachsen) Gode, Wode, Woede. (Alte deutsche Chroniken. Die Sachsen, die Christen wurden, muſsten der Verehrung Wodans entsagen, „tuna Eren de Woden.“ *Monum. Paderb.*) Und noch jezt heiſst hier und da in Westphalen und Geldern die Mittewoche Godensdag und Wodensdag.

Weichlinge mit dem Küssen auf dem Rosse ... Die Deutschen halten es für unrühmlich und unkriegrisch, Sättel zu haben. Daher fürchten auch ihre kleinsten Haufen Reuterey die Feinde gar nicht mehr, wenn diese Sättel haben. Cäs.

Mit dem Stab und Beil ... Varus wagte es, Gericht im Lager zu halten, als ob er den Muth der Deutschen, denen das Recht der Römer noch grausamer als ihre Waffen vorkamen, durch die Stecken des Lictors, und die Stimme des Herolds hätte unterdrücken können. Flor.

Die Bothschaft dem Minos ... Die alten Völker verehrten die Götter der andern auch, ob sie gleich nur ihre eignen anbeteten. Die Deutschen waren zu dieser Zeit mit den Römern so bekannt, daſs nicht etwa nur Hermann ihre Sprache redete, sondern daſs auch die Streitigkeiten der Deutschen darin geschlichtet wurden.

Tönt der Gesang hinunter in die Sclacht ... Unsre Vorfahren verbanden in ihren Treffen Schlachtgesang und Kriegsgeschrey mit einander.

Die Römer hatten eine sikambrische Cohorte, welche durch das Getön des Gesangs und der Waffen fürchterlich war. Tac.

Gegen die kühnheranrückenden deutschen Cohorten, die fürchterlich sangen und auf ihre Schilde schlugen. Tac.

Unter ihnen wurde Kriegsgeschrey und drohender Gesang gehört. Dio Cass.

Sie sangen das Lied ihrer Vorfahren mit rauhem Getön,

und unter demselben begann die Schlacht mit kleinen Angriffen. Marcell.

Der Bardiet fängt oft, wenn die Schlacht am hitzigsten ist, mit leisem Murmeln an, und nimmt nach und nach so zu, daſs er zulezt wie Wellen tönt, die an Felsen schlagen. Marcell.

Sie singen, wenn sie zur Schlacht heranrücken. Sie haben auch Lieder, durch deren Absingung, die sie Bardiet nennen, sie die Streitenden anfeuern. Sie urtheilen von dem Ausgange der Schlacht, sie schrecken oder zittern, nachdem der Gesang des Heers getönt hat, der harmonischer durch den vereinten Muth als durch die Stimme ist. Sie wählen rauhe und gebrochne Töne. Sie halten den Schild gegen den Mund, daſs die Stimme durch den Widerschall stärker und kriegerischer werde. Tac.

Die Nacht, welche auf den ersten Tag des Treffens mit Cäcina folgte, brachten die Deutschen bey festlichen Mahlen und damit zu, daſs sie bald mit frohem Gesange, bald mit furchtbarem Getöne, die Thäler und widerhallende Berge erfüllten. Tac.

Bardenburg ... Die Skalden waren bewafnet in der Schlacht, und wurden von einigen der kühnsten Jünglinge so lange beschützt, als diese nicht für sich selbst fechten muſsten. Diese Bedeckung nannte man die Skaldaburg.

Kriegsgefährten ... Das Ansehen eines Fürsten, sogar sein Ruhm bey den benachbarten Völkern wird dadurch sehr vermehrt, wenn er viele und tapfre Kriegsgeführten hat. Er wird verachtet, wenn er sich durch ihre Tapferkeit übertreffen läſst, und sie, wenn sie nicht mit eben dem Muthe fechten, mit dem ihr Fürst ficht. Tac.

Man hat kein Beyspiel, daſs einer seinen Fürsten, wenn dieser geblieben war, hätte überleben wollen. Cäs.

Der Altar ist fertig ... Als Germanicus nach Varus Niederlage die Gebeine der Römer begraben lieſs, fand er Altäre in den nahen Wäldern. Tac.

Die weissen siegverkündenden Rosse ... Es werden weisse Pferde auf gemeine Kosten in den Hainen unterhalten. Man bemerkt ihr Wiehern und Schnauben, und dieſs ist das Heiligste unter den Auspicien. Tac.

Wie schlägt ihr Fittig, wie tönet ihr Geschrey ... Sie achten, wie wir, auf das Geschrey und den Flug der Vögel. Tac.

Schneidet mir den Eichenzweig ... Nur die Druiden durften Zweige von der Eiche abnehmen. Sie thatens mit einer goldnen Sichel. Plin.

Der Lebenden Loos ... Als Cäsar den Ariovist verfolgte, traf er C. V. Porcillus in Ketten an. Dieser erzählte, das Loos wäre dreymal in seiner Gegenwart über ihn geworfen worden: ob er jezt verbrannt, oder auf eine andre Zeit sollte aufbehalten werden. Cäs.

Man zerschneidet den Zweig eines Fruchtbaums in kleinere Theile, unterscheidet diese durch gewisse Zeichen, und streut sie über einen weissen Teppich aus. Der Druide betet, sieht gen Himmel, hebt jedes dreymal auf, und macht die Zeichen desselben den Umstehenden bekannt. Wenn sich die Loose für den Wunsch derer, die sie werfen liessen, erklärt haben, so ist gleichwohl noch ein Auspicium zu ihrer Bestätigung nöthig. Tac. Diese Gewohnheit war noch unter unsern Vorfahren, da sie die christliche Religion schon angenommen hatten. Zweige, weisse Wolle, Priester u. s. w. Gesetz der Friesen.

In den Harfen ... Diodor vergleicht die Harfe der Barden mit der griechischen Lyre.

Deine Hauptleute übertreffen heut sogar die unsern ... Die Katten wählen ihre Anführer mit Sorgfalt, gehorchen ihnen, kommen bey den Bewegungen nicht in Unordnung, verstehn sich auf die Gelegenheit, schieben den Angriff auf, machen ihre Anstalten für den Tag, verschanzen sich die Nacht, erwarten wenig von dem Ausfalle des Glücks, aber alles von der Tapferkeit; und verlassen sich, welches sonst so selten ist, und die Kriegskunst der Römer so sehr unterscheidet, mehr auf den Feldherrn, als auf das Heer. Tac.

Blutring ... Kriegshaar ... Die Katten tragen einen eisernen Ring, bis sie ein erlegter Feind von diesem Zeichen der Sklaverey befreyt ... Sobald ihnen die Waffen gegeben sind, lassen sie ihr Haar wachsen, und nur über einem todten Feinde legen sie diese Hülle ihres Gesichts ab. Einige der andern Deutschen ahmen ihnen nach. Tac.

Civilis schnitt sein Haar erst nach der Niederlage der Legionen ab. Tac.

Hinter euch hält Thusnelda ... Ihre Weiber saſsen auf Wagen, und flehten ihre Männer, als sie in die Schlacht gingen, mit fliegenden Haaren an, sie nicht in die Knechtschaft der Römer kommen zu lassen. Cäs.

Ihr Liebstes ist ihnen nah. Sie hören das Rufen ihrer Weiber, und das Weinen ihrer Kinder dicht hinter sich. Dieser Zeugniſs, dieser Lob ist ihnen über alles theuer. Tac.

Hält Bercennis ... Als Germanicus einige Jahre nach dieser Schlacht in Deutschland war, lebte Hermanns Mutter noch. Tac.

Mit den Blumenschilden ... Sie schmücken sich gar nicht, auſser daſs sie ihre Schilde mit den ausgesuchtesten Farben bemalen. Tac.

Vielleicht brachte es die Neigung schöne Schilde zu haben, bey einem Volke, das sonst gar nichts von den Künsten wuſste, dahin, daſs die Ausschmückung ihrer Schilde etwas weniges Kunstmäſsiges hatte. Sie bauten ihre Häuser nur auf kurze Dauer, weil sie sich durch langen Aufenthalt an Einem Orte nicht vom Kriege entwöhnen wollten; (Cäs.) und gleichwohl bemalten sie einige Stellen derselben (die Hallen vermuthlich, wo der Hausvater die ersten Waffen gab, und das Loos warf,) mit einer reinen und hellen Erde, auf eine Art, die sich den Werken der Kunst zu nähern schien. (Tac.) Mir kömmt es vor, daſs der Geschmack der kriegrischen Nation an schön bemalten Schilden so viele unter ihnen gereitzt hatte, sich in dieser Malerey, wenn ich es so nennen darf, hervorzuthun, daſs sie sogar Arbeiter zur Ausschmückung ihrer Wohnungen übrig hatten. Unter einer so groſsen Anzahl von Arbeitern lassen sich einige, obgleich noch immer sehr rauhe, Künstler denken.

Des kühnen Eggius ... Er war Präfectus Castrorum, und that sich in dieser Schlacht sehr hervor. Vell.

Die Wunden saugen ... Ihre Mütter und Weiber bringen ihnen Speise, ermuntern sie zum Streit, und saugen ihre Wunden aus. Tac.

Das Lanzenspiel tanzen ... Sie haben nur Ein Schauspiel. Nackte Jünglinge springen mitten unter Schwertern und geworfnen Lanzen. Diese haben es hierin durch die Übung bis zur Kunst; und in dieser bis zum kriegrischschönen Anstande gebracht. Unbekannt mit den Absichten der Gewinnsucht, verlangen sie keine andre Belohnung ihres kühnen Spiels, als das Vergnügen der Zuschauer. Tac.

Mit dem Frühlingssturm schwamm ... Sie halten nicht allein im Schwimmen aus, sondern sie thuns auch mit groſser Geschicklichkeit. Mel.

Cäsar lieſs der Deutschen leichtbewafnetes Fuſsvolk und einen Theil ihrer Reuterey über den Sicoris schwimmen. Cäs.

Indem sie der zunehmenden Flut spotten, und ihre Geschicklichkeit im Schwimmen zeigen. Tac.

Da Civilis erkannt, und nach ihm mit Pfeilen geschossen wurde, sprang er vom Pferde und schwamm über den Rhein. Tac.

Hermann und sein Bruder Flavius würden ihre Unterredung, obgleich die Weser zwischen ihnen war, sogleich mit einem Zweykampfe geendigt haben, wenn der römische General diesen nicht zurückgehalten hätte. Tac.

Unter dem schimmernden Flügel des Nachtgefährten ... Die Deutschen hatten, wie die Römer, ehe sie unter Marius die Adler allein behielten, Köpfe wilder Thiere, und auch Vögel zu Feldzeichen. Nach Plinius und Solinus war in den Hercynischen Wäldern ein Vogel, der zu gewissen Zeiten des Nachts so sehr glänzte, daſs diejenigen, die Reisen vorhatten, mit denselben auf seinen wiederkommenden Glanz warteten.

Durch Epheu die Kühlung und durch Myrthen ... Cäs. Plut.

Sechs deutsche Cohorten ... Sechs Cohorten von den Hülfsvölkern ... Plut.

Die deutschen Cohorten griffen die Reuter des Pompejus so schnell und mit solcher Lebhaftigkeit an, daſs sie die Reuterey, und diese das Fuſsvolk zu seyn schienen. Flor.

Cäsar machte aus sechs Cohorten ein viertes Treffen, und erklärte, daſs die Tapferkeit dieser Cohorten den Sieg dieses Tages entscheiden würde. ... Seine Legionen rückten im Laufe zum Angriff an, warfen die Wurfspiesse, und zogen schnell die Schwerter. Pompejus Legionen hielten den Angriff aus, blieben in Ordnung, warfen, und kamen auch gleich zum Schwerte. Zu eben dieser Zeit brach, von Pompejus linkem Flügel, die ganze Reuterey, in Begleitung aller Bogenschützen, hervor. Unsre Reuterey konnte ihnen nicht widerstehen, und wich ein wenig. Desto lebhafter setzten die Pompejaner ihren Angriff fort, und fingen schon an sich turmenweise zu schwenken, uns um die entblöfste Flanke herum in den Rücken zu fallen. Als Cäsar diefs sah, gab er dem vierten Treffen, das aus sechs Cohorten bestand, das Zeichen. Diese drangen in die Reuterey des Pompejus mit so schnellem Laufe, und mit solcher Gewalt, dafs sie auf einmal wich, und nicht allein das Schlachtfeld verliefs, sondern auch, in voller Unordnung den Gebirgen zufloh. Jezt wurden die Bogenschützen und Schleuderer niedergehauen, die nur leichte Waffen, und nun keine Unterstützung mehr hatten. Mit eben dem Feuer kamen die Cohorten um den linken Flügel herum, und fielen den Legionen des Pompejus in den Rücken, die hier noch, ohne in Unordnung gekommen zu seyn, Widerstand thaten.

Cäsar hatte nun nicht viel mehr zu thun. Er führte sein drittes Treffen, das er auf diesen Zeitpunkt aufbehalten hatte, gegen die Legionen; und sie, die ermüdet waren, viele Verwundete und Todte hatten, von frischen Völkern angefallen wurden, und schon angefangen hatten, vor den deutschen Cohorten zu fliehn, wurden jezt völlig geschlagen. Cäs.

Sind denn deiner Hunderte so wenig . . . Die Anzahl ist festgesetzt. Es werden hundert aus jedem Dorfe genommen. Sie werden auch darnach genannt, und was Anfangs blofs Zahl war, ist jezt Name und Würde. Tac.

Man hat in einem alten Glossarium gefunden, dafs sonst Hauptmann, Hundro geheissen habe.

Bundsgenossen der zu mächtigen Römer ... Tacitus läfst Segest zu Germanicus sagen: Es ist schon lange her, dafs ich Treue und Beständigkeit gegen die Römer bewiesen habe, nicht aus Hafs gegen mein Vaterland, sondern weil ich glaubte, dafs sich die Römer und die Deutschen mit gemeinschaftlichem Nutzen vereinigen könnten, und den Frieden daher dem Kriege vorzog. Ich warnte Varus vor Hermann, und er hörte mich nicht. Jene Nacht ist Zenginn davon, o wäre sie die lezte meines Lebens gewesen! Was auf sie folgte, kann wohl beweint, aber nicht entschuldigt werden.

Der Väter Bilder ... Auf einigen Cohortenlanzen waren Bildnisse.

Bey Mana schwur ... So hiefs in der Sprache unsrer Vorfahren der vergötterte Held, der Mannus von Tacitus genannt wird.

Ich schwör es euch allen ... Sie zogen ihre Schwerter, die sie wie Götter verehren, und schwuren.

Marcell.

Dein Haar fliegt ... Sie binden ihr Haar in einem hohen Busch auf. (Tac.) Er setzt hinzu, dafs sich die

Sueven hierdurch unterschieden hätten, ob er gleich die Nachahmung dieser Gewohnheit unter den andern Deutschen nicht leugnet. Juvenal, Seneca, Martial und Tertullian schrieben sie der ganzen Nation zu. In spätern Zeiten glaubten, nach Sidonius, die Franken ein kriegrisches Ansehn zu haben, wenn sie den Haarbusch auf die Stirne herunter sinken liessen.

Inniger ehren, wie des Olymps Donnerer... Die kriegrischen Römer beten die Adler an, schwören bey den Adlern, und ziehen sie allen Göttern vor. Tertull.

Wie leicht unsre Lanzen sind ... Wenn er unter den Parthern gebohren wäre, so würde er schon in seiner Kindheit den Bogen spannen, und wenn unter den Deutschen, die kleine Lanze werfen. Senec.

Zum Wergobreth ... Dieser hatte einige Ähnlichkeit mit dem Dictator der Römer.

Wie Hertha im Bade des einsamen Sees... Auf einer Insel ist ein Hain, und in demselben ein Wagen, welcher der Hertha geweiht ist. Der Wagen wird mit einem Teppich bedeckt, den der Druide allein berühren darf. Dieser weiss, wann die Göttinn in das Heiligthum kömmt. Wenn sie auf dem bedeckten Wagen, der von Kühen gezogen wird, fährt, so begleitet er sie mit tiefer Verehrung. Es sind überall Feste, jede Gegend ist geschmückt, welche die Göttinn ihrer Ankunft und ihres Aufenthalts würdigt. Sie kriegen dann nicht, sie berühren keine Waffen, und verschliessen sie. Sie kennen dann, sie lieben dann nur die Ruhe, bis der Priester die Göttinn, die nun genung mit den Sterblichen umgegangen ist, in den Tempel zurückbegleitet. Hierauf wird der Wagen, nebst dem Teppich, in einem abgesonderten See gereinigt, und Hertha selbst, wenn man es glauben will, badet sich darin. Diejenigen, welche ihr im Baden dienen, verschlingt der See. Daher jenes geheime Grauen, jene heilige Unwissenheit bey der Vorstellung von dem, was keiner sehn kann, ohne zu sterben. Tac.

In seinen strahlenden Hain Allvater . . . Nach der Religion unsrer Vorfahren dauerten die Belohnungen der Helden in Walhalla nur eine gewisse Zeit. Wenn diese vorbey war, so herrschte Allvater. (Nach der Sprache der Edda Alfadur.) Er belohnte die Tugend und bestrafte das Laster. Und das traf selbst die Helden, die in Walhalla gewesen waren.

Die Schlösser der Römer brennen sehn . . . Drusus hatte außer den Schlössern an der Maas, der Weser, und der Elbe, noch funfzig am Rheine erbaut. Hermann zerstörte die lezten nach Varus Niederlage.

Und du Brukterer . . . Stertinius schlug die Brukterer, und indem er verfolgte und Beute machte, fand er den Adler der neunzehnten Legion, der unter Varus war verloren worden. Tac.

Sie erzählen seine Geschichte . . . Nach Sallustius, hatte den Adler Catilina's schon Marius gehabt.

So furchtbare Legionen ... Vell.

Am Haine Semaan ... Der Harz. Cluv.

Den pfeilevollen Uhr ... Wer den Urus, einen sehr groſsen wilden Ochsen der hercynischen Wälder, erlegt, erhält viel Beyfall. Die Hörner desselben, deren Öffnung sie mit Silber einfassen, brauchen sie bey ihren Gastmahlen zu Bechern. Cäs.

Die Sueven über den Bergen ... Suevien wurde durch ein langes Gebirge getheilt. Zu den Sueven, die jenseits desselben wohnten, gehörten die Arier. Diese hatten schwarze Schilde, bemalten sich, und wählten die Nacht zu ihren Schlachten. Keiner ihrer Feinde konnte den fürchterlichen Anblick ihrer Heere aushalten. Tac.

Mit Deutschlands Säuglingen und Bräuten ... Sie würden von Feinden vertilgt, die sie vorher, wie das Vieh, getödtet hatten. Vell. Germanicus verfuhr einige Jahre nach dieser Schlacht eben so. Weder Alter noch Geschlecht erregten ihr Mitleid. Tac.

Zwischen der Weser in der Kette ... Cäsar führte das Bild des Rheins in Triumph auf. Dio Cass.

Daſs uns Marsen der Adler zugehöre ... Germanicus erfuhr, daſs einer von den Adlern, die Varus verloren hatte, von den Marsen in einem nahen Haine vergraben wäre, und nur von wenigen bewacht würde. Er schickte gleich zwey Haufen aus, davon der eine diejenigen, die den Adler bewachten, von ihm weglocken sollte, unterdeſs daſs der andre ihnen in den Rücken käme, und den Adler ausgrübe. Beyde Haufen waren glücklich. Tac.

Den Adler an den Gürtel befestigt ... Die Cohortenbilder und zwey Adler besitzen die Deutschen noch. Den dritten riſs der Adlerträger von der Stange los, steckte ihn zwischen seinem Gürtel, und verbarg sich damit in einem blutigen Sumpfe. Flor.

Nach Tacitus wurden zwey Adler unter Tiberius von Germanicus wieder genommen; und nach Dio Cassius der dritte von Gabinius unter Claudius Regierung.

Diese künftigen Senatoren ... Wie viele von den vornehmsten Geschlechten, welche sich durch Kriegsdienste den Weg in den Senat bahnen wollten, hat Varus Niederlage so klein gemacht, daſs sie in offnem Felde leben und das Vieh hüten, oder in kleinen Hütten wohnen, und den Acker bearbeiten muſsten. Sen.

Doch tödten sie ihre Gefangne ... In den nahen Hainen waren Altäre, bey denen sie die Tribunen und die vornehmsten Centurionen getödtet hatten. Tac.

Lightning Source UK Ltd.
Milton Keynes UK
UKOW05f0834101017
310731UK00005B/345/P

9 781274 638281